PILATUS HENKER WIDER WILLEN ?

Hubert Bruno Kepper
Pilatus
Henker wider Willen
Betrachtungen eines Staatsanwalts
Herstellung: Books on Demand GmbH, Norderstedt
© 2003 Hubert Bruno Kepper
Lacher St. 44, 42657 Solingen
Satz und Gestaltung:
Moni Bauer, Freiburg (moni_bauer@gmx.de)
ISBN 3-8330-1120-3

Christus und Pilatus

-Max Beckmann- (1946)

HUBERT BRUNO KEPPER

PILATUS
HENKER WIDER WILLEN ?

BETRACHTUNGEN EINES
STAATSANWALTS

INHALT

GERECHTIGKEIT AUS MENSCHENHAND

Rückblick eines Staatsanwalts

Leser dieser Betrachtungen werden recht unterschiedliche Vorstellungen von Juristen haben, die in der Strafverfolgung tätig sind. Die meisten von Ihnen haben erfreulicherweise keine persönlichen Erfahrungen mit der Strafjustiz gemacht. Ihr Wissen haben sie aus der Literatur und in jüngerer Zeit vor allem aus Film- und Fernsehaufführungen.

Ich, der Verfasser, (Jahrgang 1922), übte den Beruf eines Staatsanwalts länger als 35 Jahre in den unterschiedlichsten Aufgabengebieten aus, zuletzt als Abteilungsleiter bei einer Generalstaatsanwaltschaft als Leitender Oberstaatsanwalt.

In meiner beruflichen Tätigkeit wurde ich konfrontiert mit ganz gewöhnlicher Kriminalität wie Diebstahl, Raub, Betrug, Tierquälerei, Mord, Totschlag, Kinderschändung, mit Falschmünzerei, Vergewaltigungen, Beleidigungen, Verkehrsdelikten und anderen "alltäglichen" Straftaten sowie mit Ordnungswidrigkeiten. Dazu kamen in meiner Anfangszeit auch "läppische" Delikte wie Bettelei und Landstreicherei, die heute nicht mehr strafbar sind.

Während einer langen Zeitspanne hatte ich politische Straftaten zu verfolgen, unter anderem Verfahren wegen des Vorwurfs der Fortführung der durch Urteil des Bundesverfassungsgerichts vom 17. August 1956 verbotenen Kommunistischen Partei Deutschlands (KPD). Beschuldigte in diesen Verfahren waren auch Personen, die lange Jahre während der nationalsozialistischen Gewalt- und Willkürherrschaft in Konzentrationslagern von den Nazis eingesperrt gewesen waren und dort gelitten hatten.

Später war ich jahrelang mit der Verfolgung nationalsozialistischer Verbrechen befasst. In den letzten Jahren meiner Tätigkeit hatte ich unter anderem Dienstaufsichts- und Disziplinar- und Verwaltungssachen zu bearbeiten.

Oft handelte es sich dabei neben schweren Verstößen gegen die Pflichten eines Beamten um unbedeutende und belanglose Vorwürfe. Beispielsweise um die Weigerung eines Staatsanwalts - wegen angeblicher Überlastung - zwei Referendare zur gleichen Zeit auszubilden.

Mühselige Entfaltung der Geistestätigkeit von mehr als zehn Kollegen war gefordert, die „kontrollierte Durchfuhr" von Rauschgifttransporten zu prüfen; dabei handelte es sich darum, die (sofortige) Strafverfolgung (Legalitätsprinzip) zurückzustellen mit dem Ziel, statt der „kleinen Fische" (Transporteure), die "großen Hintermänner" fassen zu können. Auch andere, so genannte Verwaltungssachen, waren zu erledigen, Stellungnahmen zu Gesetzesvorhaben zu veranlassen, zu prüfen, und an das Justizministerium weiterzuleiten, wobei nur selten solcher Tätigkeit Erfolg beschieden war.

Die Fülle des Zeitgeschehens erlebte ich während meiner Berufszeit in seiner ganzen Vielfältigkeit, wobei es wichtig war, sich von der

jeweiligen Strömung nicht verwirren zu lassen und über den Teller-
rand des juristischen Alltags hinauszublicken.

Mit den unterschiedlichsten Menschen, jungen und alten, geistrei-
chen und einfältigen, intelligenten und landläufig dummen hatte ich
es zu tun. Von den Beschuldigten waren manche bösartig, sadistisch-
grausam und gemeingefährlich. Viele hatten geistige Defekte.
Zahlreiche Beschuldigte kamen aus ärmlichen Verhältnissen, und es
gab aber auch nicht wenige aus wohlhabenden und angesehenen
Familien. Manche machten den Eindruck, ernsthaft religiös zu sein.
Andere bezeichneten sich stolz als Atheisten. Den unterschiedlichen
Beschuldigten entsprach die vielfältige Palette der zu untersuchen-
den Straftaten.

An einzelne Verbrechen vermag ich nur mit Schaudern zu denken.
Ich war gezwungen wie es so hieß - mir eine "dicke Haut" zuzule-
gen. Ich sehe davon ab, hier die ungeheuerlichen, unvorstellbaren
Massentötungen in Vernichtungslagern darzulegen.

Einige Gewaltverbrechen will ich aber doch, um die ganze Breite
meiner Tätigkeit sichtbar zu machen, erwähnen.

In Erinnerung geblieben ist mir das Zu-Tode-Schinden gefangener
englischer Fallschirmagenten im September 1944 im Konzentrationslager Mauthausen. Siebenundvierzig Männer wurden im dortigen
Steinbruch innerhalb zweier Tage ums Leben gebracht. Wohl alle
Täter waren als Kinder christlich getauft worden.

Aus vermeintlichem Pflichtbewusstsein und wegen eines Forschungs-
auftrags gaben sich auch „Gebildete" zu grausamen Handlungen an
Wehrlosen her. Ich denke an das Schicksal dreier zum Tode verur-
teilter Verbrecher im Konzentrationslager Sachsenhausen. An ihnen
wurde im September 1944 die Wirkung nachgebauter Giftmunition

- die Originalmunition war an der Ostfront erbeutet worden - erprobt. Die drei Häftlinge wurden durch eine leichte Schussverletzung mit vergifteten Geschossen ins Gesäß verwundet. Die Opfer quälten sich unter den Augen der anwesenden "Wissenschaftler" über zwei lange Stunden zu Tode.

Im Gedächtnis sind mir auch manche Einzeltäter und ihre strafbaren Handlungen geblieben: Ein Sadist hatte zur Befriedigung seines abartigen Geschlechtstriebs Jungen, die als Anhalter zu ihm ins Auto gestiegen waren, mit seinem scharf abgerichteten Schäferhund bedroht und sie unbarmherzig durch Brandverletzungen gequält. Derselbe Mann zeigte eine innige Liebe zu seiner Mutter ("meine liebe Mama"). Er hatte es auch verstanden, als sympathischer Schwätzer mehr als zwanzig clevere Geschäftsleute einzuwickeln und ohne jede Gegenleistung um erhebliche Geldbeträge zu prellen.

Mitunter hatte ich aber auch weniger schwerwiegende Straftaten zu verfolgen. Das Zusammentreffen mit dreisten oder einfältig harmlosen und auch kuriosen Personen blieb mir manches Mal nicht erspart: Auf einem Ball begrüßte mich in festlicher Kleidung, beinahe freundschaftlich und fast vertraulich, ein älterer - seriös auftretender - Arzt, der mir am Vormittag als Angeklagter gegenübergestanden hatte wegen des Vorwurfs, eine schwangere Frau zu einer "Engelmacherin" vermittelt zu haben. Der Arzt war an diesem Tage bestraft worden.

Eines Tages suchte mich eine besorgte Mutter in meinem Dienstzimmer auf und bat um Verständnis für ihren "lieben Jungen", der die "lästige" Großmutter mit vorgehaltener Pistole hatte zwingen wollen, in ein mit Rattengift beschmiertes Butterbrot zu beißen. Schließlich denke ich an die völlig unsinnige, ohne jede "Erfolgsaussicht" begangene Tat eines Jugendlichen - noch während der englischen Besatzungszeit - , der mit Leidenschaft "Landserhefte" verschlungen hatte. Er "stürmte" mit scharfgeladenem Karabiner bewaffnet und mit einer Gasmaske angetan, eine britische Wachstube und schoss zwei völlig überraschte englische Soldaten an.

In diesem Falle und in nicht wenigen anderen Verfahren beauftragte ich hilfesuchend medizinische Sachverständige mit der Prüfung der Verantwortlichkeit der Beschuldigten. Meistens waren die Sachverständigen hilfreich.

Der Volksgerichtshof

Als ich meinen Beruf anfing, war es noch üblich, im Gerichtssaal ein Barett zu tragen. Als "Beamter auf Widerruf", der noch nicht sicher war, ob er in den Staatsdienst übernommen würde, stellte ich den Kauf einer nach dem Zweiten Weltkrieg doch recht sonderbar anmutenden Kopfbedeckung zunächst zurück. Ein älterer und erfahrener Kollege lieh mir sein Barett für den Sitzungsdienst.

Was war unter diesem Barett schon alles gedacht worden? Der Kollege hatte mit dieser Kopfbedeckung angetan unter anderem auch vor dem Volksgerichtshof in Berlin plädiert.

Beim Volksgerichtshof (1934 bis 1945) gab es sicher auch hochintelligente und hervorragend qualifizierte Juristen. Waren das nüchtern und scharf denkende nur dem Recht verpflichtete Männer? (Es findet sich kein Hinweis, dass auch Frauen darunter gewesen wären.) Waren die Mitglieder des Volksgerichtshofes "nur" Diener des Staates,

die einen "harten” Beruf ausübten und "ihre Pflicht für das Ganze”
taten? Oder sahen sie ihre Tätigkeit nur als "Broterwerb” und als
Stufenleiter zum Aufstieg an?

In den Jahren 1940 bis 1944 standen 12.500 Menschen vor den
Schranken dieses Gerichtshofs, von denen mehr als 5.000 zum Tode
verurteilt und hingerichtet wurden. Von den 12.500 Verfolgten wurden lediglich 900 freigesprochen; in den übrigen Fällen wurde auf
Freiheitsstrafen erkannt.[1]

Waren die Angehörigen des Volksgerichtshofs "Henker wider Willen”?
Was war beispielsweise Dr. Roland Freisler (geboren 1893, gestor-
ben am 3. Februar 1945 bei einem Luftangriff auf Berlin) für ein
Mann? Was war er für ein Richter?

Über ihn[2] heißt es, er sei ein zum Nationalsozialismus "bekehrter”
Kommunist gewesen. Von 1942 bis 1945 war er Präsident des
Volksgerichtshofes und Vorsitzender des Ersten Senats. Er hatte sich
in einem devoten Brief für die Ernennung bedankt. Am 15. Oktober
1942 schrieb er an Adolf Hitler:[3]

"... ich bin stolz, Ihnen, mein Führer, dem obersten Gerichtsherrn
und Richter des deutschen Volkes für die Rechtsprechung ihres höch-
sten politischen Gerichts verantwortlich zu sein... Der Volksgerichtshof wird sich stets bemühen so zu urteilen, wie er glaubt, dass Sie,
mein Führer den Fall selbst beurteilen würden.”

Freisler schließt mit: ”Heil meinem Führer! In Treue, Ihr politischer
Soldat Roland Freisler.”

Und was war der damalige Reichsminister der Justiz Dr. Otto Georg
Thierak (geboren 1889; gestorben durch Selbstmord im Oktober 1946
- von 1936 bis 1942 Präsident des Volksgerichtshofs; von 1942 bis
1945 Reichsminister der Justiz -) für ein Mann? Er war sicherlich

ein - wie es im einschlägigen Sprachgebrauch auch heute noch formuliert wird - "hoch-qualifizierter" Jurist und ein überzeugter Nationalsozialist. Was veranlasste ihn zu einem fernschriftlichen "Sitzungsbericht"[4] über seinen Nachfolger als Präsident des Volksgerichtshofes, den kalten Freisler, an den "Sekretär" Hitlers, den Reichsleiter Bormann, im Führerhauptquartier am 9. September 1944?

Das Fernschreiben lautete:

"Sehr geehrter Herr Reichsleiter!

... die Verhandlungsführung des Vorsitzers (Freisler) war bei den Angeklagten Wirmer und Goerdeler unbedenklich und sachlich, bei Lejeune-Jung etwas nervös. Leuschner und von Hassell ließ er nicht ausreden. Er überschrie sie wiederholt. Das machte einen recht schlechten Eindruck, zumal der Präsident etwa 300 Personen das Zuhören gestattet hatte. Es wird noch zu prüfen sein, welche Personen Eintrittskarten erhalten haben. Ein solches Verfahren in einer solchen Sitzung ist sehr bedenklich. Die politische Führung der Verhandlung war sonst nicht zu beanstanden. Leider redete er aber Leuschner als Viertelportion und Goerdeler als halbe Portion an und sprach von den Angeklagten als Würstchen. Darunter litt der Ernst dieser gewichtigen Versammlung erheblich. Wiederholte längere, nur auf Propagandawirkung abzielende Reden des Vorsitzers wirkten in diesem Kreise abstoßend. Auch hierunter litt der Ernst und die Würde des Gerichts. Es fehlt dem Präsidenten völlig an eiskalter, überlegener Zurückhaltung, die in solchem Prozess allein geboten ist...

Heil Hitler! Ihr gez. Dr. Thierack".

Nochmals sei die Frage gestellt, was für Leute waren die an diesen Verfahren beteiligten - wie es heißt - "hochqualifizierten" Juristen? Wie konnten so zahlreiche Todesurteile gefällt werden? Konnten die Richter noch ruhig schlafen, waren sie Karrieristen, Ehrgeizlinge, die aufsteigen wollten? Wie besessen waren sie vom Standesdünkel und von der Gloriole ihrer Unfehlbarkeit? Wollten sie der Erwartung entsprechen, die sie von der Führung erahnten? Die Vokabel vom "vorauseilenden Gehorsam" war damals noch nicht ausformuliert. Fragen wir grundsätzlich: Gab es vielleicht in der menschlichen Geschichte schon immer Strafverfolger ähnlichen Charakters?

SBZ - DDR - Waldheimprozesse – staatliches Strafen

Ein Rückblick zeigt: Auch in jüngerer Vergangenheit sind Gerichte in erschreckender Weise gegen Menschen vorgegangen.

Nach dem Ende des Zweiten Weltkriegs 1945 sind auf dem Territorium der sowjetischen Besatzungsmacht (SBZ) etwa 120000 Personen "interniert" worden - u.a. makabererweise - in den ehemaligen Nazi-Konzentrationslagern Sachsenhausen und Buchenwald. Ihnen wurde pauschal - meist ohne Nachweis einer persönlichen Schuld - vorgeworfen, Kriegsverbrechen, Verbrechen gegen die Menschlichkeit begangen, faschistischen Organisationen angehört zu haben oder für die Ziele des Nationalsozialismus eingetreten zu sein. Unter den Gefangenen befanden sich auch zahlreiche ehemalige kleine oder mittlere Funktionäre (beispielsweise der Schauspieler Heinrich George) und auch Personen, die lediglich denunziert worden waren. Von den "Internierten" kamen etwa 40000 - also ein Drittel - zu Tode. Mehr als 750 Personen sind von sowjetischen Tribunalen zum Tode verurteilt worden. In dem genannten Konzentrationslager Buchenwald waren während der Zeit der nationalsozialistischen Gewaltherrschaft über 50.000 Häftlinge umgekommen bzw. getötet worden, unter ihnen der Führer der KPD, der Kommunistischen Partei Deutschlands, Ernst Thälmann.

Im Jahre 1950, also fünf Jahre nach dem Zusammenbruch der Naziherrschaft, waren noch mehr als 20.000 Personen - ohne Urteil - inhaftiert. Im Zuge der Gründung der DDR (Deutsche Demokratische Republik) wurden Anfang des Jahres 1950 von der sowjetischen Besatzungsmacht den deutschen Behörden 3442 Gefangene zu einer - wie es hieß - raschen und strengen Aburteilung "übergeben" und in das Zuchthaus Waldheim überstellt. Hier wurden zur Aburteilung der Gefangenen 20 Strafkammern gebildet; Richter und Staatsanwälte waren besonders ausgewählt worden. Die Führung der SED (Sozialistische Einheitspartei Deutschlands) hat auf Richter und Staatsanwälte in "Besprechungen" und "Beratungen" massiv Druck ausgeübt, um hohe Strafen zu erwirken, wobei jedoch persönliche oder berufliche Konsequenzen nicht angedroht wurden. Der Hinweis auf "politische Konformität" und auf die "Parteidisziplin" genügte vielmehr, um Richter und Staatsanwälte durchweg zu der erwarteten Handlungsweise ("Erwartungshaltung") anzuspornen. Vereinzelte kritische Äußerungen wurden entsprechend dem damaligen Sprachjargon als "Hang zum Objektivismus", "Trotzkismus" oder schlicht als Versagen gerügt. Die Richter sollten stets den politischen Charakter der Verhandlungen beachten und "ungenügende ideologische Klarheit" sowie "formaljuristische Bedenken" überwinden.

Fast alle Richter und Staatsanwälte entsprachen willfährig der ihnen angesonnenen "Erwartungshaltung", in ähnlicher Weise, wie es die Richter getan hatten, die während der Naziherrschaft in "vorauseilendem Gehorsam" gehandelt hatten.

In der Zeit zwischen dem 26. April und dem 14. Juli 1950 wurden von diesen Strafkammern in den so genannten Waldheim-Verfahren verurteilt:[4a]

14 Personen zu Freiheitsstrafen bis zu 5 Jahren,

371 Personen zu Strafen von 5 bis 10 Jahren,

960 Personen zu Strafen von 10 bis 15 Jahren und

1.820 Personen zu Strafen von 15 bis 25 Jahren.

148 Gefangene erhielten lebenslange Freiheitsstrafen.

32 Gefangene wurden zum Tode verurteilt, von denen vierundzwanzig noch am 4. November 1950, also mehr als fünf Jahre nach dem Ende des Krieges, hingerichtet worden sind. Keine der Verhandlungen hat damals länger als eine bis höchstens eineinhalb Stunden gedauert.

Bemerkenswert ist: Nur 14 Personen erhielten Freiheitsstrafen bis zu 5 Jahren; Freisprüche sind nicht bekannt geworden.

Ein Waldheim-Richter drückte später seine Situation hilflos mit den Worten aus, man habe schon manchmal "Bauchkneipen" gehabt.

Als besonders harte Richterin ist die Vizepräsidentin des Obersten Gerichts der DDR (1949 - 1953), die 1902 geborene Hilde Benjamin ("rote Hilda"), eine überzeugte Kommunistin, zu erwähnen. Sie fällte Urteile von grausamer Härte, die in keinem Verhältnis zu den Handlungen standen, die den Angeklagten vorgeworfen wurden.

Angesichts dieser - und zahlreicher anderer - harter Urteile aus der jüngeren und jüngsten Vergangenheit drängt sich zwangsläufig wiederum die Frage nach der Strafverfolgung in früheren Zeiten auf.

Wie war es um die Gerechtigkeit in der Strafjustiz überhaupt bestellt? War das Verhalten, waren die Urteile der Strafrichter überhaupt von lauteren Motiven geprägt? Waren Richter Ängsten oder Rachegefühlen verfallen oder von Grund aus sadistisch verderbt? Hatten sie überhaupt eine Vorstellung von dem Sinn und Zweck obrigkeitlichen Strafens? Machten sie sich Gedanken über die Auswirkungen ihrer Urteile?

Die Gefahr besteht, über den obigen Satz hinwegzulesen und sich ihn nicht bewusst zu machen "...von denen 24 Personen... hingerichtet worden sind". Welch´ grauenhaftes Leid wurde den einzelnen Familien zugefügt? Welche Todesangst hatte jeder einzelne Verurteilte in seinen letzten Stunden auszustehen, in denen er nach einem Weiterleben bangte, bis schließlich die vage Hoffnung auf einen Gnadenerweis zu schanden ging. Waren die Strafrichter und Staatsanwälte solch` menschlicher Gedanken überhaupt fähig? Oder hätten sich manche gar eingestehen müssen, was Wolfgang Borchert in seinem Drama "Draußen vor der Tür" den aus dem Grauen des Krieges heimkehrenden Soldaten Beckmann sagen ließ: "Und manchmal hat es sogar Spaß gemacht"?

Wer der Frage des Bestrafens von Menschen durch Menschen im Laufe der Geschichte nachgeht, stößt zwangsläufig auf die meines Erachtens drei bedeutendsten Prozesse der Weltgeschichte:
Gegen Sokrates, der 399 v. Chr. den Schierlingsbecher nehmen musste, gegen Galilei, der 1642 unter der fortdauernden Angst, den Scheiterhaufen besteigen zu müssen, erkrankt und erblindet ständig beargwöhnt von der Inquisition, sein Leben fristete, und wie war es bei dem Prozess gegen Jesus von Nazareth, gegen den Pontius Pilatus am 7. April des Jahres 30 n. Chr.[5] den Richtspruch fällte:
"Ibis in crucem!" - "ans Kreuz mit Dir."
Die Fragen über den Prozess gegen Jesus haben in der Geschichte nie aufgehört. Bei den Überlegungen und Nachforschungen zu diesem Geschehen überrascht die Vielzahl der Arbeiten über dieses Thema. Bereits im Jahre 1888 existierten 120 Buchtitel[6], die sich mit der Person des Pontius Pilatus befassten, wobei die rein "erbauliche"

Literatur nicht mitgezählt ist. Der Historiker und Exeget Gustav Adolf Müller gab seiner Arbeit über Pilatus damals (1888) den Titel "Pontius Pilatus, der fünfte Prokurator von Judäa und Richter Jesu von Nazareth". Müller vertrat die Meinung, "Pilatus habe Jesus wider Willen" verurteilt.[7]

Knapp einhundert Jahre später lässt der kirgisische Schriftsteller Tschingis Aitmatow in seinem Roman "Der Richtplatz" Jesus zu seiner Mutter Maria sprechen:

"Ich höre Schritte, mein Henker wider Willen naht - Pontius Pilatus."

Bei dem Werk von Aitmatow aus dem Jahre 1986 handelt es sich um einen in der damaligen Sowjetunion - also noch vor der Gorbatschow-Zeit - viel gelesenen und diskutierten Roman; Aitmatow soll am Ende dieses Buches noch einmal zu Worte kommen.

Der jüdische Schriftsteller und Gelehrte Chalom Ben Chorin aus Jerusalem schrieb über den Prozess in seinem viel beachteten Buch "Bruder Jesus":[8]

> "Mit Jesus wurde kurzer Prozess gemacht. Aber dieser kurze Prozess erwies sich als der langwierigste der Weltgeschichte.
> Der Prozess gegen Jesus ist sicher der größte und folgenreichste Prozess, wenn es sich auch um ein überaus kurzes Verfahren gehandelt hat."

Auch der Professor für Judaistik Pincas Lapide schrieb in seinem Buch "Wer war Schuld an Jesu Tod?" in dem Kapitel "Acht Antworten auf die Schuldfrage":[9]

> "Trotz seiner Kürze von wenigen Stunden handelt es sich um den längsten Prozess der Weltgeschichte."

DAS UNTERDRÜCKTE ISRAEL

Ort des Prozesses - Jerusalem

Der Prozess wurde am 7. April des Jahres 30 n. Chr. in Jerusalem geführt. Wer in Jerusalem war, weiß um welch` eine faszinierende Stadt es sich handelt.

Marc Chagall, dessen Glasfenster in der Universitätsklinik der Hadassah-Synagoge in Jerusalem zu bewundern sind, hat dort in genialer Weise die zwölf Stämme Israels versinnbildlicht. Er sagte einmal über Jerusalem:[10]

"Nirgendwo sieht man soviel Verzweiflung und soviel Freude, nirgendwo ist man so erschüttert und so glücklich zugleich wie beim Anblick dieses tausendjährigen Haufens von Steinen und Staub in Jerusalem."

Laurentius Klein, ein Benediktiner-Abt auf dem Berge Sion, schrieb: "Gläubige Menschen, Juden, Christen und Moslems fühlen sich beim Besuch Jerusalems in tieferen Dimensionen angesprochen als beim Besuch irgendeiner anderen Stadt. In Jerusalem haben sich Ereignisse abgespielt wie in keiner anderen Stadt."

Das auserwählte Volk

In welchem Land trug sich der Prozess gegen Jesus zu, wer waren "die Juden"? Der von russischen Emigranten abstammende jüdische Schriftsteller Herman Wouk[11] hat 1959 ein Werk verfasst (1984 in deutscher Sprache erschienen), in dem er das Schicksal des jüdischen Volkes eindrucksvoll schildert. Der Titel lautet:" Das ist mein Gott". Wouk (1915 geboren) - lebt in Amerika, sein Name ist vor allem bekannt geworden als Verfasser des Romans "Die Caine war ihr Schicksal" (verfilmt mit Humphrey Bogart). Wouk schreibt:

"Das jüdische Volk ist über dreitausend Jahre alt ... Die Bibel, die geschichtliche Quelle unserer Vorfahren, sagt, dass die Juden von einem mesopotamischen Nomaden namens Abraham abstammen, der mit seinen Herden und seinen Zelten in grauer Vorzeit nach Kanaan, das heutige Israel kam. Die Linie führt weiter über seinen Sohn Isaak zu seinem Enkel Jakob, der, um einer Hungersnot zu entgehen, mit seiner großen Familie nach Ägypten weiterzog ..."

Wouk schildert, wie die Ägypter die Juden versklavten und wie ihnen in Moses ein Befreier entstand, der sie bis an die Schwelle des "Gelobten Landes" führte.

"Des Moses" - so fährt Wouk fort - "größte Tat aber war nicht die Befreiung. Bei einem Berg in der Wüste - dem Horeb oder Sinai - hatte er ein mystisches Erlebnis, das die gesamte Weltgeschichte veränderte. Eine Sammlung von Vorschriften (wurde) bewirkt, die zum Gesetz der zivilisierten Menschheit wurde..."

Wouk spricht dann von den Prophezeiungen über das Schicksal der Juden, der glanzvollen Zeit der Monarchie im Heiligen Lande, dem Abfall zum Götzendienst der semitischen Nachbarn, dem politischen Zusammenbruch, von einem langen und qualvollen Exil in babylonischer Gefangenschaft und schließlich von der Rückkehr nach Israel, um dort nach dem Mosaischen Gesetz zu leben und zum Licht der Völker zu werden. Wouk schließt mit dem Hinweis:

> "Die meisten Akte dieses gewaltigen Dramas sind längst Geschichte geworden. Einige Christen" - so sagt er - "sind sogar der Ansicht, dass der Schlussvorhang des ganzen Stücks schon vor zweitausend Jahren gefallen sei". Und er schreibt weiter: "Wir Juden glauben - und das ist ein Kernpunkt unserer Religion - , dass die letzten Akte noch bevorstehen."

Der jüdische Wissenschaftler Chalom Ben Chorin schloss einmal (1988) einen Vortrag eindrucksvoll mit dem Satz:

> "S i e warten auf die Wiederkunft des Herrn. W i r warten auf den Messias. Vielleicht warten wir beide auf denselben".

Der Befreiung aus ägyptischer Knechtschaft gedenken die Juden am Passah-Fest mit dem Seder-Mahl (Osterlamm). Dieses Fest wird zur Zeit des Vollmonds des ersten Frühlingsmonats (Nisan) gefeiert. Es beginnt am Abend des 14. Nisan mit dem Ostermahl und dauert bis zum 21. Nisan. Unmittelbar vor diesem Fest des Jahres 30 n. Chr., am Donnerstag (jetzt Gründonnerstag) wurde Jesus festgenommen.

Das römische Sendungsbewusstsein

Was nun trieb die Römer in diesen Teil der Welt, in dem die Juden lebten? Was trieb (um das Wort wiederum zu gebrauchen) sie an, ihr Römisches Reich über die angestammten Lande hinaus auszudehnen, die Welt zu erobern und zu beherrschen?[12]

Philon von Alexandrien, auch Philo Judäus genannt, geboren um 13 v. Chr., ein jüdisch-hellenistischer Philosoph, gestorben zwischen 45 und 50 n. Chr., unternahm es, die griechische platonisch-stoische Überlieferung mit der jüdischen Lehre zu vereinen. Er versucht eine Deutung zu geben, aus welchen Gründen Eroberer zu allen Zeiten ihre Macht und Herrschsucht mit dem Mantel der Menschheitsbeglückung umgaben und auch wohl heute noch immer umgeben. Überschwänglich schreibt er u.a.:[13] "Die ganze Welt hätte sich in Kriegen aller gegen alle aufgerieben, wenn nicht ein Mann und Führer erschienen wäre, der Augustus, den man mit Recht den Schützer vor Unheil nennt. Er ist der Kaiser, der die den Kriegen und den Barbaren gemeinsamen Gebrechen heilte ... Er ist der Mann, der das Meer von

Piratenschiffen säuberte und mit Handelsschiffen bevölkerte, der alle Städte in die Freiheit entließ, der die Unordnung in die Ordnung verwandelte ... Er ist der Friedensbewahrer, er ließ einem jeden das seine zukommen".

Das Sendungsbewusstsein und Selbstverständnis des Römischen Reiches und Kaisertums, das Imperium Romanum, umfasste die Kulturvölker des Erdkreises. Zur Zeit der Kaiser Augustus und Tiberius waren es etwa 3,5 Millionen Quadratkilometer mit 80 Millionen Einwohnern. Die Idee des Römischen Reiches stand in unvereinbarem Gegensatz zu dem Glauben und dem Sendungsbewusstsein der Juden.

Philon ist übrigens einer der beiden antiken Autoren, die über Pilatus berichten, der zweite ist der später zu erwähnende Josephus Flavius. Beide beurteilen Pilatus sehr negativ.

Dieser Kaiser Augustus durfte am Ende seines Lebens sagen (bei seinem Tode 14 n. Chr. war Jesus etwa 21 Jahre alt), er habe Rom als Stadt aus Backstein übernommen und als eine Stadt aus Marmor hinterlassen.

Während Augustus von seinem Volk und von den Historikern ein beinahe einhelliges Lob erfährt, erscheint das Bild seines Nachfolgers Tiberius (Claudius Nero 42 v. bis 37 n. Chr.), des Kaisers, unter dem Pilatus sein Amt als Präfekt (heute würden wir "Generalgouverneur" sagen) in Judäa ausübte, im Zwielicht.

Zwar heißt es "Sub Tiberio quies" (= unter Tiberius herrscht Ruhe); aber Tiberius war ein misstrauischer, oft unberechenbarer launischer Herrscher. Manche Forscher sind der Ansicht, er habe unter dem Cäsarenwahn gelitten.[14, 15]

Über seinen Tod (17. März 37 n. Chr.) heißt es bei Sueton:

"Sein[16] Tod versetzte das ganze Volk in solchen Freudentaumel, dass auf die erste Nachricht hin, alles auf die Straße lief. Die einen riefen "In den Tiber mit Tiberius"; andere beteten zur Mutter Erde und den Unterweltgöttern, sie möchten dem Toten keine andere Stätte einräumen als nur unter den Verdammten".

Tacitus (55 bis um 120 n. Chr.) berichtet in seinen Annalen:[17]

"Eine Eigentümlichkeit des Tiberius ist es gewesen, die Verwaltungsstellen zu dauernden Ämtern zu machen und die Führungskräfte bis zu ihrem Lebensende in ihren Positionen zu belassen".

Das unterdrückte Volk - Messiaserwartung

Pilatus kam in ein Land mit reicher Tradition und eigener Gesetzgebung. Die Bevölkerung war unterworfen, unterdrückt von fremden heidnischen Römern.[18]

Es gab große Spannungen. Die einheimische Führungsschicht (Sadduzäer) versuchte, sich mit der römischen Macht zu arrangieren. Die strenggläubigen Pharisäer waren darauf bedacht, jeden Kontakt mit den Römern zu meiden, um nicht unrein zu werden. Das Volk hoffte auf den Messias, als den Befreier aus aller Not und allem Elend.

Die Juden standen Pontius Pilatus im allgemeinen nicht als geschlossener Block gegenüber, sondern in zerstrittenen Gruppierungen, die sich aber sofort zusammenschlossen und gemeinsam auftraten, wo immer sich eine Gelegenheit zur Konfrontation bot. Ihnen war es unerträglich, unterdrückt, besetzt und den fremden heidnischen Römern unterworfen zu sein.

Für das ganze Land war das Synedrion (= der Hohe Rat) in religiösen und in geringem Umfang auch politischen Fragen die oberste jüdische Instanz.

Das große Synedrion (siebzig Mitglieder und der vorsitzende Hohe Priester) war in seinen Befugnissen durch die römische Besatzungsmacht eingeschränkt; vor allem konnte das Synedrion Todesurteile nicht vollstrecken lassen. Das so genannte Schwertrecht (jus gladii) übte allein die Besatzungsmacht aus.[19]

Dies alles ist zu bedenken, wenn beurteilt werden soll, in welche Verhältnisse Pontius Pilatus als Präfekt kam. Er war vom Kaiser Tiberius, bzw. dessen Gardepräfekten Seianus[20], in dieses Land entsandt worden.

Palästina, das Land, in dem die Juden lebten und sich das Geschehen zutrug, war zur Zeit Jesu in drei Regionen aufgeteilt:

1. Judäa (mit der Heiligen Stadt Jerusalem) und Idumäa - als römische Provinz einem Prokurator unterstellt -.

2. Galiläa (unter dem Sohn Herodes des Großen, Herodes Antipas) - mit dem See Genezaret. Galiläa war das Herkunftsland Jesu. Zu dem Herrschaftsgebiet des Herodes Antipas gehörte auch - getrennt durch die Dekapolis und einen Teil von Samarien - das Gebiet Peräa.

3. Ein Bruder des Herodes Antipas, Philippus, herrschte als Tetrarch über die Provinzen Trachonitis, Batanäa, Auranitis

und Gaulanitis, sowie einen Teil von Ituräa. In dem Gebiet seiner Tetrarchie liegen die Quellen des Jordan, der den See Genesaret (auch Galiläisches Meer genannt) durchfließt und im Toten Meer endet.

Die Gesamtfläche von Palästina maß etwa knapp 30.000 Quadratkilometer; das Gebiet war so groß wie Belgien. Die Einwohnerzahl betrug zur damaligen Zeit zwei bis drei Millionen Menschen.

Die erstgenannte Region mit der Stadt Jerusalem hatte zunächst bis 6 n. Chr. unter Archelaos, dem ältesten Sohn des Herodes gestanden. Archelaos wurde wegen seiner Rücksichtslosigkeit und Gewalttätigkeit in Rom verklagt und vom Kaiser in die Verbannung nach Vienna geschickt.

Über Archelaos heißt es bei Matthäus 2,22: "Als Josef hörte, dass Archelaos ... über Judäa herrschte, fürchtete er sich, dort hin zu gehen und er zog nach Nazareth in Galiläa", wo Jesus aufwuchs.

Das Gebiet des Archelaos wurde nach dessen Sturz der römischen Hoheit direkt unterstellt und einem römischen Prokurator aus dem Ritterstande zur Administration zugewiesen. Der erste (Präfektus Judäa) hieß Coponius. Pontius Pilatus war der fünfte Statthalter von Judäa (von 26 bis 36 n. Chr.). Die Provinz Judäa unterstand unmittelbar der römischen Herrschaft Der Prokurator übte für den Kaiser die Regierungsgewalt aus. Ihm standen fünf Kohorten zu je sechshundert Mann Auxiliartruppen (= Provinziale ohne römisches Bürgerrecht) zur Verfügung. Eine Kohorte war ständig in der Burg Antonia in Jerusalem stationiert. Vier Kohorten lagen in Cäsarea Maritima, der Residenz des Prokurators (über einhundert Kilometer von Jerusalem entfernt). An den großen Festen verlegte Pilatus seine

Kommandantur nach Jerusalem mit einer zusätzlichen Kohorte in den alten Herodespalast (wo sich auch das Prätorium[21], die Stätte, von der aus Pilatus sein Urteil sprach, befand).

DIE UNTERDRÜCKER

Der "Generalgouverneur" Pontius Pilatus

Wen nun schickte der Kaiser Tiberius in das Land, von dem Josephus Flavius schreibt (Josephus Flavius ist geboren 37 n. Chr., seine beiden bedeutendsten Werke sind "De bello judaico" (= der Jüdische Krieg; verfasst etwa zwischen 75 und 79 n. Chr.) und "Antiquitates judaicae" (= Jüdische Altertümer; verfasst etwa 15 Jahre später zwischen 93 und 94 n. Chr.):[22]

"So war das Land nach dem Tode Herodes des Großen (4 v. Chr. verstorben) eine wahre Räuberhöhle, und wo sich nur immer eine Schar von Aufrührern zusammentat, wählten sie gleich Könige. Während sie den Römern nur unbedeutenden Schaden zufügten, wüteten sie gegen ihre eigenen Landsleute weit und breit mit Mord und Totschlag."

Pontius Pilatus stammte aus dem Geschlecht der Samnitischen Pontier. Die Samniter waren alte mittelitalische Volksstämme, von denen die Römer (etwa 300 v. Chr.) Taktik und Bewaffnung übernommen hatten. Die Pontier hatten sich in den Kämpfen der Samniter gegen Rom hervorgetan. Ein Mitglied dieser Familie, Lucius Pontius Aequilius, war an der Ermordung Cäsars (44 v. Chr.) beteiligt. Andere Pontier erlangten (unter Kaiser Tiberius) das Konsulat.

Pilatus war - davon ist auszugehen - Ritter von Geblüt. Falls ein Mann, der nicht von Geblüt Ritter war, zum Ritterstande aufsteigen wollte, musste er ein Vermögen von hunderttausend Dinaren (das sind heute etwa dreihunderttausend Euro) nachweisen.

Zum Werdegang gehen Sachkenner von drei "Befehlsstufen" (Karrierestufen) des Pilatus aus:[23, 24]

> Zunächst befehligte er im Range eines Jungoffiziers eine Auxilliarkohorte, danach war er Offizier einer Legion und schließlich wurde er Kommandeur in einem Hilfsregiment. Nach Abschluss der Militärkarriere war er - wie auch schon zeitweilig während des Dienstes als Soldat - in der Verwaltung tätig und wurde mit der Leitung der Provinz Judäa betraut.

Er war mithin kein unerfahrener Mann mehr, als er zum fünften Prokurator in Judäa ernannt wurde; er behielt diesen Posten zehn Jahre lang, kann also nicht ganz erfolglos gewesen sein, sonst wäre er (wohl auch von dem zögerlichen Tiberius) früher abberufen worden.

Zu der Person des Pilatus ist zu fragen:

War er ein Hochtalent, ein Genie, ein krankhafter Neurotiker, ein Psychopath, ein Psychot? War er überhaupt ein Talent, war er nur durch die geschichtliche Konstellation und nur weil er als ein begabter oder als fähig aufgefallener Verwaltungsbeamter und Soldat zur Verfügung stand, zum Richter Jesu geworden? War er Mittelmaß oder war er schlicht - um ganz platt zu fragen - ein "ausgedienter Komisskopp", der zu versorgen war. Welcher Protektion erfreute er sich? Hatte er gar den brennenden Wunsch, gerecht zu sein? War er gebildet, kannte er die Schriften des feinfühligen Freundes des Kaisers

Augustus (63 v. Chr. bis 14 n. Chr.), der in einer Ode feierlich von der Bestimmung Roms und über die Richter geschrieben hatte:

"Dem Manne des Rechts, der fest am Entschlusse hält, macht nicht die Volkswut, die ihn zum Schlechten drängt, nicht eines Zwingherrn Antlitz, wankend den stetigen Mut".

Kannte er diesen Vers des Quintus Horatius Flaccus (65 bis 8 v. Chr.) der unter dem Namen Horaz[25] in die Weltliteratur eingegangen ist?

Spannungen

Einen unmittelbaren anschaulichen Einblick in diese Verhältnisse vermittelt uns der jüdische, später in römischen Diensten stehende, bereits erwähnte Schriftsteller Flavius Josephus. In seinem Werk "Der Jüdische Krieg" heißt es:[26]

"Nachdem Pilatus von Tiberius als "Epitropos" nach Judäa gesandt worden war, ließ er die Kaiserbilder, die sich an den Feldzeichen befanden, verhüllt des Nachts nach Jerusalem schaffen. Tags darauf führte dies bei den Juden zu lärmenden Tumulten; wer nämlich an den Feldzeichen vorüberkam, wurde durch diesen Anblick zutiefst verletzt. Die Juden waren überzeugt, ihr Gesetz werde auf diese Weise verhöhnt; denn es verbietet ausdrücklich, Bildnisse in der Stadt aufzustellen. Die Stadtbewohner empörten sich. Ihnen schloss sich massenhaft auch die Landbevölkerung an. Die aufgebrachte Menge zog nach Cäsarea zu Pilatus und bat ihn inständig, die Feldzeichen mit den Bildern doch aus Jerusalem wegzubringen und so die alten Gesetze unangetastet zu lassen. Pilatus lehnte das Begehren ab. Daraufhin warfen sich die Demonstranten im Umfeld des Palastes mit zur Erde gekehrtem Gesicht auf den Boden. Sie verharrten so fünf Tage und fünf Nächte.

Am folgenden Tage begab sich Pilatus in die große Rennbahn, er setzte sich dort auf das Bema und befahl, die Demonstranten sollten vor ihn treten. Das erweckte den Eindruck, als wolle er mit ihnen diskutieren. Pilatus ließ jedoch die Menge von einer dreifachen Soldatenkette umzingeln. Die Juden waren starr vor Entsetzen. Pilatus befahl ihnen nun, sie sollten die Feldzeichen mit den Kaiserbildern in Jerusalem dulden, sonst werde er sie alle niedermachen lassen. Durch ein Handzeichen gab er den Soldaten den Befehl, die Schwerter blankzuziehen. Die Juden aber warfen sich wie verabredet zu Boden und boten ihren Nacken dar. Sie riefen laut, sie wollten lieber sterben, als gegen das Gesetz der Väter verstoßen. Pilatus war von diesem ungewöhnlich mutigen Verhalten und der aus ihm sprechenden Gottesfurcht überrascht und beeindruckt. Er befahl, die Feldzeichen sofort aus Jerusalem wegzubringen."

In diesem Falle hat Pilatus nachgegeben. Josephus berichtet ferner über ein anderes Ereignis.

In den ersten Jahren seiner Amtszeit unternahm Pilatus den Bau oder die Erweiterung einer Wasserleitung nach Jerusalem. Er verwendete für das kostspielige Vorhaben (auch) Gelder aus dem Korban, also Tempel-Opfergelder. Das empörte die Bevölkerung. Die Frage, ob Tempelgelder nicht doch für gemeinnützige Zwecke nach jüdischen Vorschriften verwendet werden durften, ist ungeklärt. Pilatus war über eine deswegen organisierte Protestdemonstration informiert. Er beorderte als Zivilisten getarnte Soldaten, die mit Knütteln bewaffnet waren, unter die aufgebrachte Volksmasse. Wie zu erwarten, befolgten die Demonstranten den Befehl zur Auflösung der Protestversammlung nicht. Flavius Josephus führt weiter aus:

"Als aber die Juden mit Schmähungen antworteten, gab er (Pilatus) den Soldaten das verabredete Zeichen und diese fielen mit größerem Ungestüm, als es in der Absicht des Pilatus gelegen hatte, über friedliche Bürger, wie über die Aufständischen her. Gleichwohl ließen die Juden von ihrer Hartnäckigkeit nicht ab; und da sie den Bewaffneten wehrlos gegenüberstanden, kamen viele von ihnen um, während andere verwundet weggetragen werden mussten. So wurde dieser Aufruhr unterdrückt."

Mehr beiläufig berichtet der Evangelist Lukas[27] über eine spätere Bluttat des Pilatus, die am Tage vor dem Passah-Fest des Jahres 29 n. Chr. im Vorhof des Tempels an Pilgern aus Galiläa verübt wurde, während diese ihre Opfertiere schlachteten. Der Anlass für diese Morde und die Zahl der Getöteten sind nicht überliefert.[28]

Bei Lukas (13, 1-5) heißt es:

"Zur selben Zeit kamen einige und berichteten ihm (Jesus) von den Galiläern, deren Blut Pilatus mit dem ihrer Opfer vermischt hatte. Da nahm er das Wort und sprach zu ihnen: "Meint ihr, diese Galiläer seien mehr als alle Galiläer Sünder gewesen, weil sie solches erlitten haben? Nein, sage ich euch, doch wenn ihr nicht umkehrt, werdet ihr alle auf gleiche Weise umkommen. Oder - jene achtzehn Menschen, die beim Einsturz des Turms[30] von Schiloach erschlagen wurden - meint ihr, dass nur sie Schuld auf sich geladen hatten, alle anderen Einwohner von Jerusalem aber nicht? Nein, im Gegenteil: Ihr alle werdet genauso umkommen, wenn ihr euch nicht bekehrt."

Zu dieser Schriftstelle ist zu bemerken: Allgemein herrschte im Judentum - vor allem bei den Sadduzäern, die nicht an ein Weiterleben nach dem Tode glaubten - der "Vergeltungsglaube". Er blieb weitgehend auch unter Christen bestehen.

Selbst Goethe lässt in "Wilhelm Meisters Lehrjahren" mit dem Gedicht über die Himmlischen Mächte diesen Vergeltungsglauben anklingen:

"Ihr führt ins Leben uns hinein

Ihr lasst den Armen schuldig werden

Dann überlasst Ihr ihn der Pein;

Denn alle Schuld rächt sich auf Erden".[31]

Dieser Vergeltungsglaube wird durch Jesus in das Erfordernis der Umkehr zurechtgerückt.

Weiheschilde und Massaker

Noch über andere Gewaltmassnahmen des Pilatus berichten Philon und Josephus Flavius.

In einem der letzten Jahre seiner Amtszeit in Cäsarea, jedenfalls aber nach dem Tode Jesu, ließ Pilatus vergoldete Ehrenschilde (eine Art Devotionalien) in Jerusalem anbringen. Im Gegensatz zu den Medaillen befanden sich auf den Ehrenschilden keine bildlichen Darstellungen. Auf ihnen standen nur der Name des Weihenden und der Name dessen, dem sie geweiht waren. Sogar gegen diese Maßnahme erhob sich allgemeiner Protest. Hochgestellte Persönlichkeiten des Synedrions und vier Söhne Herodes des Grossen (unter ihnen auch Antipas) wurden bei Pilatus vorstellig, um ihn zu veranlassen, die Schilde zu entfernen. Pilatus reagierte darauf nicht. Die Juden wandten sich an den Kaiser. Tiberius entsprach ihrem Begehren. Er wies Pilatus an, die Schilde aus Jerusalem nach Cäsarea zu schaffen und dort im Augustustempel aufzustellen. Tiberius tadelte, so endet der Bericht des Philon, "Pilatus aufs schärfste wegen seiner Unüberlegtheit".[32]

Ein hartes blutiges Eingreifen gegen die Samaritaner[33] kostete Pilatus schließlich seinen Posten. Die Samaritaner standen den Römern grundsätzlich nicht feindselig gegenüber. Josephus Flavius berichtet:

"Ein alter samaritanischer Glaube besagte, auf dem Berge Garizim seien Kultgeräte des Moses vergraben. Ein Pseudoprophet versprach den Volksmassen, er werde ihnen diese Geräte zeigen, falls sie mit ihm auf den Berg zögen. Zahlreiche Männer waren dazu bereit. Sie versammelten sich - wie üblich bewaffnet - am Fuße des Berges. Pilatus, dem das Vorhaben hinterbracht worden war, kam den Samaritern zuvor. Er besetzte den Weg, den sie zurücklegen mussten, mit Reiterei und Fußvolk. Diese Streitmacht griff die Aufrührer an, hieb eine Anzahl von Ihnen nieder, schlug den Rest in die Flucht und nahm noch viele gefangen, von welch` letzteren Pilatus die Vornehmsten und Einflussreichsten hinrichten ließ".

Flavius Josephus berichtet weiter:

"Abgesandte der Samariter beschwerten sich bei Vitellius, dem Statthalter von Syrien und brachten vor, sie hätten keinen Aufstand gegen die Römer vorgehabt, sondern sich nur deshalb versammelt, um sich vor des Pilatus Ungerechtigkeiten zu schützen".[34]

Der Statthalter von Syrien Vitellius enthob Pilatus seines Postens und befahl ihm, sich nach Rom zu begeben, um sich vor dem Cäsar zu verantworten. Pilatus folgte dieser Weisung. Er traf in Rom erst nach dem Tode des Tiberius (16. März 37 n. Chr.) ein. Vor dem 10. März 37 kann Pilatus wegen des "mare clausum" (11. November 36 bis 10. März 37) nicht in See gestochen sein.

Ende einer Laufbahn und Legenden

Das Lebensende des Pilatus, um das sich - ebenso wie um seine Herkunft - phantastische Legenden gerankt haben, "verliert sich im Dunkel".[35] Über sein weiteres Schicksal liegen keine historisch gesicherten Erkenntnisse vor. Manche Schriftsteller vertreten die Ansicht, Pilatus habe seinem Leben durch Selbstmord ein Ende gesetzt. Einige meinen, der Nachfolger des Tiberius, der Kaiser Gaius Caligula habe ihn hinrichten lassen; nach einer anderen Version soll Pilatus in der Verbannung gestorben sein.

Die Funktion des Pilatus in Judäa ist sicher bestätigt. Ein archäologischer Fund aus dem Jahre 1961 dient dafür als Beweis:
Die oben erwähnte Beschwerde hochgestellter Juden beim Kaiser wegen der Aufstellung der Weiheschilde (es handelte sich um Gedenkplaketten in der Form von Schilden, die militärischen Einheiten verliehen worden waren) hat Pilatus gekränkt und verärgert. (An der Beschwerde war mit Sicherheit auch Herodes Antipas[36] beteiligt. Daher rührte wohl auch die Feindschaft zwischen Pilatus und Antipas; falls sie nicht schon vorher bestand, wurde sie durch die Beteiligung des Antipas an der Beschwerde noch erheblich verstärkt.)

Pilatus war bestrebt, diese Scharte - Tadel des Kaisers und Rückführung der Weiheschilde aus Jerusalem - auszuwetzen und sich das Wohlwollen des Kaisers zu sichern. Durch eine besondere Baumaßnahme hat er eindrucksvoll seine Verehrung für den Kaiser kundgetan. Er ließ ein Heiligtum zur Ehre des Tiberius errichten. Ein Stein dieses Heiligtums blieb erhalten. Er ist - neben den literarischen Zeugnissen - das erste und bisher einzige epigraphische Dokument für die Statthalterschaft des Pilatus in Palästina. Der Stein[37] wurde unter den Trümmern des römischen Theaters in Cäsarea im Jahre 1961 entdeckt, ein 80 cm hoher und 60 cm breiter Steinblock mit einer lateinischen Inschrift, die Gelehrte entziffert haben:

(CAESARIEN) S (IBOS) TIBERIAEUM
(PON) TIUS PILATUS
(PRAE) FECTUS JUDA (EA) E
(D) E (DIT)

Sie lautet übersetzt: Pontius Pilatus, Präfekt von Judäa, hat den Einwohnern von Cäsarea dieses Tiberieum (= Heiligtum zur Ehre des Kaisers Tiberius) geschenkt.

Der Originalstein befindet sich im Staatsmuseum in Jerusalem. In Cäsarea ist eine getreue Kopie aufgestellt.

Wann der Stein beim späteren Bau einer großen Treppe seinerzeit wieder "verbaut" wurde, ist nicht sicher. Die Archäologen nehmen als unterste Grenze das 4. Jahrhundert an.

An der Person des Pilatus ranken sich – wie ausgeführt - farbige Legenden[38] empor. Stoff zu phantastischen Ausschmückungen bot auch die Frau des Pilatus (Claudia Prokula), die ihren Mann nach Palästina begleitet hatte. Claudia Prokula ist in der Koptischen Kirche unter die Heiligen eingereiht, und manche Denominationen (zusammengeschlossene Glaubensminderheiten) gingen soweit, sogar Pilatus als Heiligen zu verehren, wohl aus der spekulativen Überlegung, weil ohne ihn und sein grauenhaftes Todesurteil, Jesus sein Heilswerk nicht hätte vollbringen können.

Von den zahlreichen Legenden sei die vielverbreitete Tradition erwähnt, nach der Pilatus in Forchheim (Frankenland) geboren sein soll. Darüber lautet ein alter leoninischer Vers:
"Forchemii natus est Pontius ille Pilatus
Teutonicae gentis crucifixor omnipotentis".
In Forchheim sollen in früheren Zeiten auch die "roten Hosen" des Pilatus gezeigt worden sein. Im benachbarten Orte Hausen knüpften sich mehrere im einzelnen nicht übermittelte Traditionen an Pilatus. Manche Orte werden genannt, an denen Pilatus umgekommen sein soll. Der Schriftsteller Peter Bamm[39] bezeichnete Saarbrücken als Sterbeort. Ein anderer Hinweis besagt, Pilatus sei im Jahre 39 in Vienne (Isere - Frankreich) gestorben, wo er in der Verbannung gelebt habe. Weit verbreitet ist die Sage, sein Leichnam sei in den Schweizer Alpen in dem nach ihm benannten Berg "Pilatus" (in der Nähe von Luzern) versenkt worden.

KURZER PROZESS GEGEN DEN KÖNIG DER JUDEN

Informationsquellen

Als Informationsquellen für das zu beurteilende Verhalten des Pilatus bei der Verurteilung Jesu stehen uns - neben spärlichen nichtchristlichen Zeugnissen[40] - die Evangelien zur Verfügung. Der neu-testamentliche Wissenschaftlicher Josef Blank fasst die heute allgemein unter christlichen Gelehrten geltende Wertung der Aussagen der Evangelien wie folgt zusammen:[41]

"Die Evangelien sind weder eine Biographie Jesu noch ein historischer Bericht. Sie verfolgen stets und vor allem eine kerygmatische Absicht: Das heißt eine Verkündigungsabsicht. Sie sind dramatische Erzählung mit theologischem, soteriologischem (also heilsgeschichtlichem) und christologischem Interesse. Soweit für die Heilslehre und das Heilsgeschehen erforderlich, sind die Evangelientexte eine sichere Grundlage. Das Historische ist das Substrat, in dem sich das Heilsgeschehen ereignet, ist aber nicht die Hauptsache. Aber auch nicht entbehrlich."

Als Informationsquelle für das Todesurteil gegen Jesus kann auch die Inschrift einer Holztafel gelten:

In der Kirche "Santa Croce in Gerusalemme" in Rom wird eine Tafel mit der Aufschrift I.N.R.I. als Reliquie verehrt. Die in lateinischer, griechischer und hebräischer Sprache verfasste Aufschrift bedeutet: "Jesus von Nazareth, König der Juden". Der Paderborner Papyrologe Carsten Peter Thiede hat die Tafel untersucht. Er kommt zu dem Ergebnis, sie sei mit hoher Wahrscheinlichkeit echt; es handele sich um die nach der Bibel am Kreuze Christi als "titulus" angebrachte Mitteilung des Urteils. Mit Sicherheit liege eine (mittelalterliche) Fälschung nicht vor (Evangelische Nachrichtenagentur IDEA Deutschland vom 11. April 2001).[42]

Die Evangelientexte über den Prozess gegen Jesus Christus von Nazareth sind heutzutage nicht jedermann geläufig. Für die Darstellung des Geschehens zitiere ich deshalb das Ergebnis der Forschungsarbeit des Theologen und Exegeten Professor Rudolf Pesch. Er hat es unternommen, den ältesten Evangelientext, den des Markus, auf die so bezeichnete "vormarkinische Fassung"[43] zurückzuführen. Nach seinem Forschungsergebnis ist dieser komprimierte, eindrucksvolle Text in der Jerusalemer Urgemeinde bereits in den ersten sechs bis sieben Jahren nach dem Tode Jesu "ausformuliert" worden. Er lautet:

Und gleich in der Frühe, nachdem die Hohenpriester mit den Ältesten und Schriftgelehrten und das ganze Synedrion einen Beschluss ausgefertigt hatten, fesselten sie Jesus, führten ihn ab und lieferten ihn an Pilatus aus.
Und Pilatus fragte ihn: "Du bist der König der Juden?"
Er aber antwortete ihm: "Du sagst es."
Und die Hohenpriester verklagten ihn heftig.

Pilatus aber fragte ihn wiederum: "Antwortest du nichts? Sieh, wessen alles sie dich verklagen!"

Jesus aber antwortete nichts mehr, so dass Pilatus staunte.

Zum Fest aber ließ er ihnen (gewöhnlich) einen Häftling frei, den sie sich ausbaten.

Es war aber der Kandidat: Barabbas, mit den Aufständischen in Haft, die bei dem Aufstand einen Mord begangen hatten.

Und die Volksschar zog hinauf und fing an zu verlangen, wie sie gewohnt waren.

Pilatus aber antwortete ihnen: "Wollt ihr, werde ich euch den König der Juden freilassen!"

Er hatte nämlich gemerkt, dass ihn die Hohenpriester aus Neid ausgeliefert hatten. Die Hohenpriester aber wiegelten die Volksschar auf, dass er ihnen lieber den Barabbas freilassen solle.

Pilatus aber nahm wiederum das Wort (und) sagte ihnen: "Was soll ich dann mit dem tun, den ihr den König der Juden nennt?"

Sie aber wiederum schrieen: "Kreuzige ihn!"

Pilatus aber sagte ihnen: "Was hat er denn Böses getan?"

Sie aber schrieen heftig: "Kreuzige ihn!"

Pilatus aber wollte der Volksschar Genüge tun, ließ ihnen den Barabbas frei und lieferte Jesus, nachdem er ihn hatte geißeln lassen, zur Kreuzigung aus.

Erinnerungsversuche des Pilatus

Im Folgenden gebe ich mögliche Überlegungen wieder, die Pilatus zum Urteilsspruch führten. Er bereitet sich auf der Schiffsüberfahrt auf die Audienz beim Kaiser vor und versucht, sich den fünf Jahre zurückliegenden Prozess, seit dem sich vieles ereignet hatte, ins Gedächtnis zu rufen.

Er erinnert sich:

Das Vorbringen der Ankläger verwunderte mich. In meiner gesamten Amtszeit war mir eine solche Beschuldigung gegen einen Angeklagten noch nicht vorgetragen worden. Die Ankläger brachten vor: "Er will der König Israels sein." Dabei gingen sie offenbar von der - zutreffenden - Überlegung aus: "Das muss doch wohl genügen. Pilatus hat für Ruhe und Ordnung zu sorgen und wenn sich einer als König ausgibt, dann muss er rücksichtslos einschreiten. Die Bezeichnung "König" war doch wohl gravierend genug."

So dachten sie mit Recht, denn die Beschuldigung bedeutete den Vorwurf der "perduellio" (das ist die aus feindlicher Gesinnung gegen den Staat oder den Kaiser begangene aufsässige Handlung - heute würden wir diesen Tatbestand mit der Vokabel "hochverräterisches Unternehmen" bezeichnen).

Ich überlegte weiter:

Falls an diesem Vorwurf "etwas dran war", musste ich tatsächlich handeln. Aber ich war gegenüber diesen Anklägern und den sie laut unterstützenden Schaulustigen, die sich bei Gerichtsverhandlungen stets einfinden, misstrauisch geworden.

Zum Verständnis muss ich hier bemerken, die Juden, die einer höheren Schicht angehören, aber auch die einfachen Juden, beschäftigen sich ohne Unterlass mit der Pflege ihres vermeintlichen Unglücks, unter römischer Herrschaft leben zu müssen. Dieses Schicksal diskutieren sie und bejammern es bei jeder Gelegenheit. Dabei lamentieren sie zu ihrem Gott Jahwe, veranstalten Demonstrationen und träumen von ihrem großen Reich. Sie behaupten sogar, sie seien das vor allen anderen "auserwählte" Volk. Bei dieser Einstellung neigen sie natürlich zu überheblicher Aufsässigkeit und latentem Widerstand. Nicht selten kommt es zu gewalttätigem blutigem Aufruhr, wie ich ihn selbst oft genug erlebt habe. und gegen den ich stets erfolgreich eingeschritten bin. Alles was von der römischen Macht kommt ist ihnen ein Gräuel. Dem widersetzen sie sich, sofern es nicht von den jüdischen Autoritäten gebilligt ist.

Eine Gefahr des Aufruhrs bestand - wie ich wusste - vor allem an den drei Wallfahrtsfesten[44], wenn die Juden mit ihren ganzen Sippen zum Heiligtum nach Jerusalem pilgerten. So war die Situation auch jetzt zum Osterfest des Jahres 30. Vorsorglich hatte ich deshalb, um sofort an Ort und Stelle sein zu können, meine angenehme Residenz Cäsarea (Maritima) verlassen und mein Quartier in Jerusalem im alten Herodes-Palast[45] bezogen. Mir war es zwar lästig, meine Residenz am Meer, etwa hundert Kilometer von Jerusalem entfernt, zu verlassen, aber ich musste auf der Hut sein. Die Stimmung war aufgeheizt. Sie forderten von mir – was ganz ungewöhnlich war - ein Todesurteil gegen einen eigenen Landsmann. Soweit ich mich erinnerte, hatte es auch das bis zu diesem Zeitpunkt noch nie gegeben: Sie führten einen eigenen Landsmann vor mit dem Begehren, ich solle ihn kreuzigen lassen. Dahinter steckte noch irgendetwas anderes, über das ich mir nicht im Klaren war.

Der Gefangene selbst war mir gleichgültig. Mir war es aber einfach lästig, Scherereien zu haben. Ich wollte die Sache möglichst ohne Aufsehen, jetzt vor dem Pascha-Fest erledigen, um Ruhe und Frieden in der Stadt zu haben und kurzen Prozess machen.

Ich hatte damals drei Gefangene im Kerker, von denen zwei (Gesmas und Dismas)[46] zum Tode verurteilt waren, sie sollten ohnehin noch vor Beginn des Festes hingerichtet werden. Auch das Verfahren gegen den dritten Angeklagten mit Namen Barabbas, den Rädelsführer aufständischer Gewalttäter, schien keine Schwierigkeiten zu bereiten. Auch er sollte noch vor dem Fest hingerichtet werden.

Bisher war es mir gelungen, entgegen der Handhabung meiner Vorgänger ohne häufige Anwendung der Kreuzesstrafe auszukommen.[47] Diesmal musste aber diese auch in meinen Augen äußerst grausame Strafe zur Aufrechterhaltung der Ruhe und Ordnung und zur Abschreckung eingesetzt werden. Trotz allen Zeitdrucks wollte ich aber die Angelegenheit mit dem mir heute vorgeführten Beschuldigten selber prüfen. Sie sollten mich nicht vor ihren Karren spannen und mich in ihren ständigen religiösen Streitereien nicht auch noch zum Schiedsrichter machen. Soweit wäre es noch gekommen!

Deshalb sah ich mir den Mann erst einmal an. Ich ließ ihn vorführen und begann die Vernehmung mit der Frage "Bist du der König der Juden?" Falls er mit "Ja" geantwortet hätte, dann brauchten wir nicht weiter zu verhandeln, dann lag ein Geständnis vor.

Der Mann antwortete aber ausweichend mit dem nichts sagenden Satz: "Du sagst es". Ich war etwas verblüfft und verärgert über diese unklare Antwort. Ich befragte die anwesenden Ankläger nun nochmals. Bei ihnen handelte es sich nach meiner Erinnerung um drei namhafte Synhedristen. Sie wiederholten ihre bisherigen Beschuldigungen. Ich forderte den Angeklagten erneut auf, dazu Stellung zu nehmen. Da erfolgte etwas, was ich als Richter ebenfalls überhaupt noch nicht erlebt hatte. Der Beschuldigte äußerte sich nicht mehr. Er schwieg. Und das in einem Land, in dem die Leute, insbesondere auch Beschuldigte, stets weitschweifig von ihrem Verteidigungsrecht Gebrauch machen und ununterbrochen reden, falls sie nicht gezügelt werden.

Der Beschuldigte äußerte sich nicht mehr. Nun hätte ich vielleicht dieses Verhalten als "contumacia"[48] (gleich: Trotz, Eigensinn oder edler Stolz) auslegen, und ihn deswegen verurteilen können. Das hätte aber meinem Rechtsverständnis nicht entsprochen. Ich war jedenfalls nach dem Anklagevortrag und dem Verhalten des Angeklagten und meinem Eindruck, den ich von ihm gewonnen hatte, von seiner Schuld nicht überzeugt. Was sollte ich tun?

Ich fragte ihn nochmals: "Du bist also doch ein König?"

Der Angeklagte antwortete, obwohl er übel zugerichtet war, in einer Weise, die mich nicht unberührt ließ: "Du sagst es - ja, ich bin ein König. Ich bin dazu geboren und dazu in die Welt gekommen, dass ich für die Wahrheit Zeugnis ablege. Jeder, der aus der Wahrheit ist, hört meine Stimme."[49]

Diese Antwort konnte ich allenfalls als schwärmerisches Gerede eines überspannten Fanatikers, der seiner Sinne nicht mehr völlig mächtig war, werten. Das war aber nicht ein Geständnis, dass er einen Umsturz plane und König der Juden werden wollte. Ich kam zu dem

Ergebnis: Dieser Mann ist kein politischer Verbrecher, jedenfalls ist er kein für Rom gefährlicher Feind, gegen den ich mit meinen Machtmitteln vorgehen müsste. Ich erwiderte ihm lasch:

"Was ist schon Wahrheit!" und bemerkte zu den Anklägern: "Ich für meine Person finde keine Schuld an ihm."

Neue Beweise oder eine neue Bewertungsgrundlage waren nicht ersichtlich und auch durch weitere Vernehmungen nicht zu erwarten. Die Ankläger waren betroffen und enttäuscht. Ich überlegte, die Verhandlung an dieser Stelle abzubrechen, den Gefangenen freizusprechen und freizulassen.

Warum tat ich es nicht? Weshalb sprach ich den Nichtschuldigen nicht einfach frei? Das wäre mir, dem allein Entscheidungsbefugten, ohne weiteres möglich gewesen. Falls ich von seiner Schuld nicht überzeugt war, dann hatte ich den Angeklagten freizusprechen und laufen zu lassen. Weshalb tat ich es nicht?

So ganz kann ich meine damalige Handlungsweise nicht mehr nachvollziehen. Ich hielt mich länger mit einer Entscheidung zurück, als ich es sonst gewohnt war.

Ich ging nochmals in das Prätorium hinein, und zögerte dadurch die Sache hinaus. Mit meinen Apparetores, die mir zur Verfügung standen und mit den mir zur Fortbildung zugewiesenen Assessores[50] konnte ich über den Fall noch einmal reden. Ich fand es damals oft recht amüsant, mich mit juristisch gebildeten Leuten locker zu unterhalten. Weil sie keine Entscheidungsbefugnis und keine Verantwortung hatten, konnten sie unbeschwert ihre Meinung äußern. Die Unterhaltung mit diesen Jungjuristen, die mir stets gefällig waren, weil sie nach Abschluss ihrer Abkommandierung von mir ein gutes Zeugnis erhofften, war allemal kurzweiliger als das ewige Geschwätz meiner

Offiziere über ihre Heldentaten. Auch die jungen Leute brachten zu dem Fall nichts Neues vor. Sie teilten aber meine Verwunderung über das ungewöhnliche Verhalten des Angeklagten, insbesondere sein Schweigen. Im Verlauf der Unterhaltung kam mir ein genialer Gedanke. Der Zufall hatte mir zwei "Politische" gleichzeitig in die Hand gegeben. Ich konnte den einen, den Ungefährlichen, aufgrund eines möglichen Amnestieverfahrens[51, 53] freilassen und den anderen, den wirklich Gefährlichen, hinrichten.

Die Ankläger waren fanatisiert und aufgebracht. Vielleicht konnte ich sie zufrieden stellen. Möglicherweise waren sie sogar in ihren innersten Gefühlen durch das Verhalten des Angeklagten verletzt und von seinem Versagen als angeblicher Messias enttäuscht. Das war mir zwar äußerst gleichgültig, ich musste aber über den Einzelfall und die augenblickliche Situation hinaus denken. Durch eine schroffe Ablehnung des Begehrens der Ankläger und eine einfache Freilassung des Angeklagten, würden sie vor den Kopf gestoßen sein. Ich musste darauf bedacht sein, Ruhe und Ordnung zu erhalten.

Immerhin befanden sich zu diesem Zeitpunkt[44] in dem etwa 30.000 Einwohner zählenden Jerusalem ungefähr 150000 sogenannte Festpilger. Wenn die alle fanatisiert wurden und einen Aufstand unternahmen, dann war die Situation gefährlich. Mit meinen wenigen - recht zwielichtigen[53] - Auxiliartruppen hätte ich einer zahlenmäßig überlegenen Meute gegenüber gestanden. Ich konnte zwar einen Aufstand niederschlagen; aber das Ganze hätte in einem Blutbad geendet. Das wäre dem Kaiser berichtet worden und da für ihn der oberste Grundsatz lautete: "Sub Tiberio quies", hätte ich erhebliche Schwierigkeiten bekommen. Zumindest hätte der Kaiser einen mir lästigen Bericht angefordert.

Bei dieser Sachlage erschien mir die Idee, den Angeklagten - sein Name war übrigens Jesus - für eine Amnestierung anzubieten, besonders verlockend und erfolgversprechend. Diese Verfahrensweise bot mir, dem Befehlshaber des ganzen Landes, einen gewichtigen Vorteil:

Ich konnte vermeiden, einen Aufständischen freilassen zu müssen. Der aufständische Barabbas sollte für seine Taten am Kreuze büßen. Er war ja auch bereits verurteilt. Ich verfolgte diesen Gedanken weiter. Die Juden werden wie jedes Jahr einen Gefangenen freihaben wollen. Auf gar keinen Fall will ich ihnen den Barabbas freigeben. Der hat bei einem Aufruhr mitgemacht, bei dem es Tote - auch römische Soldaten - gegeben hatte. Barabbas war eine gefährliche Führernatur. Mit ihm gäbe es auch künftig noch erhebliche Scherereien, wenn er freikäme. Also: Barabbas ans Kreuz und den harmlosen Galiläer amnestieren!

Das ergab eine glatte Lösung. Dieser Galiläer - das kam noch hinzu als Nebenerfolg - war in den Augen der Juden ja kein "kleiner Krimineller". Ich konnte mit ihm jemanden "anbieten", der dem Volke "etwas wert war". Und schon allein die in der Verhandlung gefallenen Worte vom "König der Juden", bedeuteten etwas! Das konnte den Vorschlag bei den antirömischen Massen nur günstig beeinflussen, selbst wenn der Angeklagte nicht zu diesem Titel stand und in den Augen seiner Landsleute versagt hatte.

Vielleicht tat ich doch, so dachte ich weiter, einem Teil der Bevölkerung, denen, die jenem Jesus nachgelaufen waren, einen Gefallen und konnte mich damit bei ihnen ein wenig beliebt machen.[54]

Etwas musste ich allerdings sofort für die Ankläger und die aufgebrachte Masse, - die ihn, aus welchen Gründen auch immer, nicht mehr mochten - tun, um sie nicht ganz leer ausgehen zu lassen. Das konnte ich auch vertreten und wenn ich länger darüber nachdachte, schien es mir sogar erforderlich: Der Mann sollte durch eine Amnestierung nicht so ohne weiteres unbehelligt davon kommen. Schließlich hatte er Unruhe gestiftet und Anlass zu einer Verhandlung vor dem Synhedrion und sogar vor mir gegeben. Ich ordnete im Rahmen meiner unbegrenzten Coercitio[55], meiner Verwaltungszwangsbefugnis, die Geißelung des Galiläers an. Die Coercitio gab mir dazu freie Hand, schon um Ruhe und Ordnung im Lande aufrecht zu erhalten. Das würde den Klägern wohl reichen und ich verlor nicht das Gesicht.

Nachdem der Galiläer Jesus diese Marter erduldet hatte, wollte ich ihn freilassen. Meine Überlegungen gingen jedoch nicht auf. Die Anführer hatten die aufgeheizte kritiklose Menschenmasse fest im Griff. Meinen Vorschlag, den Galiläer zu amnestieren und freizulassen, beantworteten sie mit der Drohung:

"Wenn du diesen freigibst, bist du kein Freund des Kaisers. Jeder, der sich selbst zum König macht, wie dieser Jesus, ist des Kaisers Widersacher."

Hinter diesen Worten verbarg sich eine bis zum äußersten gehende Entschlossenheit. Die Anführer gingen von der Überlegung aus: "Du hast den Galiläer für die Amnestie angeboten, ihn also selber für verurteilungswürdig erachtet und ihn sogar geißeln lassen und jetzt kommst du und willst diesen, von dir selbst als todeswürdig angesehenen Verbrecher freilassen. Du nimmst es nicht ernst, wenn wir, die Unterworfenen, mit dir kooperieren wollen. Du lässt einen "Basileus" frei."

Immer wieder fiel das Wort von dem Imperator Tiberius. Das hieß für mich, sie werden in einer Petition dem Kaiser melden, Pilatus lässt einen, der sich zum König aufwirft, frei, ja einen, den wir selbst - wegen unserer guten Zusammenarbeit mit der römischen Macht - ausgeliefert hatten.

Hier wurde die Sache sehr ärgerlich. Ich wollte sie vom Tisch haben. Ich gab auf, ließ den Barabbas frei und verurteilte den Galiläer zum Tode am Kreuze.

Soweit meine Überlegungen. Ich dachte noch vorausschauend und mich ein wenig beruhigend: Irgendwann würden wir des Barabbas schon wieder habhaft werden.

Durch eine symbolische Handlung wollte ich noch spottend unterstreichen, dass ich hier dem Willen des Pöbels gefolgt war. Ich übernahm einen jüdischen Brauch und ließ mir, um den Anklägern zu zeigen, dass ich nicht die Verantwortung für die Kreuzigung dieses Mannes offen tragen wollte, Wasser aus einer Kanne über meine Hände in eine Schüssel gießen.

Außerdem ordnete ich an - auch um durch den Wortlaut des Textes die Juden zu ärgern - als Titulus auf die Tafel, die über dem Gekreuzigten zu befestigen war, zu schreiben: "König der Juden".

Ich breche hier die Schilderung der Überlegungen des Pilatus ab. Die Frage bleibt offen, ob Pilatus seine Erinnerungen über den Weg zum Urteil zutreffend wiedergegeben hat und - vor allem - ob er dabei ehrlich mit sich selber war.

Suche nach Beweggründen

Durch die Wiedergabe der Gedanken, die sich Pilatus machte, als er auf der Überfahrt nach Rom, bzw. nach Putuoli den Bericht für den Kaiser vorbereitete, habe ich versucht, die Gründe darzulegen, die Pilatus nach meiner Meinung zu dem Urteilsspruch veranlasst haben können. Überwiegend war es wohl die Angst, vor dem Imperator nicht bestehen zu können. Andere Beweggründe mögen noch hinzugekommen sein. Alle nur denkbaren bösen Einflüsse können den Römer bewogen haben. Vielleicht war er nur träge, oder er befand sich in einer situationsbedingt schlechten Verfassung. Vielleicht war er augenblicklich verärgert, oder aus unerfindlichem Grunde von einer üblen Laune beherrscht. Möglicherweise war es von allem etwas. Trägheit, Ungeduld, Eitelkeit und feige Angst können ihn getrieben haben. Wenig wahrscheinlich ist ein "Umfallen" aus Pflichtgefühl, weil er sich eingeredet haben könnte, das Wohl des Imperium Romanum erfordere auf Grund des Ergebnisses der Verhandlung nunmehr eine andere Einschätzung des Sachverhalts und gebiete die Verurteilung des Galiläers.

Zahlreiche Schriftsteller[56] haben versucht, das Geheimnis um das Urteil des Pilatus zu enträtseln und die Motive für seine Handlungsweise zu ergründen. Ich nenne nur Max Frisch in seiner "Chinesischen Mauer", Friedrich Dürrenmatt, Gertrud von le Fort, Michael Bulgakov, die Rockoper "Jesus Christus Superstar".

Im letzten werden die Beweggründe des Pontius Pilatus nicht frei-
zulegen sein.

Nach der Gründung des Staates Israel am 14. Mai 1948 ist wiederholt versucht worden, den Prozess Jesu - vor einem israelischen
Gericht - neu aufzurollen.[57]

Im Frühjahr 1949 hat ein holländischer Jurist unter dem Pseudonym
H187 einen formellen Revisionsantrag beim israelischen Justizministerium gestellt und 1972 haben christliche Theologen beim
Obersten Gerichtshof Israels einen erneuten Antrag auf Annullierung
des Urteils gegen Jesus gestellt. Israels Justiz erklärte sich für nicht
zuständig und verwies die Antragsteller an ein italienisches Gericht,
weil aus jüdischer Sicht die Römer Jesus verurteilt und hingerichtet
hatten. Auch der frühere Richter am Obersten Israelischen Gericht
Chaim Cohn ist mit dieser Frage befasst worden.

Eine Wiederaufnahme des Verfahrens wurde von den israelischen
Justizbehörden - aus vernünftigen Gründen - abgelehnt. Selbst eine
nachträgliche Verhandlung hätte nicht zu einer Klärung beigetragen.
Auch spätere Versuche, unterstellt, sie seien ernsthaft gewesen und
nicht nur des Aufsehens wegen unternommen worden, waren ebenfalls ohne Erfolgsaussicht geblieben.

Schuldzuweisung - Blutspruch

Immer wieder ist aber die Frage, wer war Schuld am Tode Jesu, mit unterschiedlichen Akzenten erörtert worden. Um die Osterzeit wird alljährlich das Thema breit in den Medien behandelt. Meist geschieht dies, wenn nicht nur der Sensation wegen, in apologetischer Absicht. Die Autoren schreiben der einen oder anderen Gruppe der Beteiligten, den Juden, den Römern, dem Pilatus, die Schuld, Alleinschuld oder doch überwiegende Schuld zu. Die heute unter Christen allgemein bestehende Erkenntnis gibt der Schriftsteller Kurt Speidel[58] wieder:

"Eines ist sicher: Die Richter Jesu waren nicht die Juden, seine Peiniger nicht die Römer: Sondern es waren bestimmte Männer und Gruppen, die damals lebten".

Nicht wegzudenken ist: Die im Laufe der Geschichte lange Zeit hindurch anzutreffende Zuweisung der Schuld an die Juden hat zu schlimmstem Antisemitismus und grausamen Verfolgungen beigetragen - zuletzt zum Holocaust.

Für diese Schuldzuweisung an die Juden wurde stets der so genannte Blutspruch (Matthäus 27; 25) herangezogen: "Sein Blut komme über uns und unsere Kinder". Der Umgang mit dieser Schriftstelle des Neuen Testaments entsprach mit Sicherheit nicht der Lehre Christi.

Ganz unverständlich klingen heute die nachfolgend wiedergegebenen Auslassungen berühmter Männer der Kirche aus vergangener Zeit. Wie müssen sie auf einfältige Hörer gewirkt haben![59]

Ambrosius (333-397) folgerte aus dem Blutspruch, die Juden seien "Satanssöhne". Hieronymus (345-420) fordert mit Nachdruck die Bestrafung der Juden; sie hätten wegen ihrer Blutschuld keinen Anteil am Worte Gottes; der Fluch bleibe ewig auf den Juden. Der von vielen Menschen seiner Zeit als Prophet verehrte Bischof Meliton von Sardeis (verstorben 190) bezeichnete die Blut trinkenden Juden als Gottesmörder. Leo der Grosse (440-461) nannte die Juden wegen des Blutspruchs Objekte des Hasses der Menschen; sie seien Helfer des Teufels und Mörder.

Gottlob ist endlich der notwendige Wandel eingetreten. Kardinal König (Wien) schrieb:

"Die Auslegung und Kommentierung des Neuen Testaments, wie sie durch die christlichen Jahrhunderte erfolgte, hat nicht unwesentlich dazu beigetragen, antijudaistisch-heidnische Vorurteile zu verschärfen. Von der frühen Mittelalterzeit an bis in die Neuzeit hat diese Auslegung zu Unterdrückung und Tötung von Juden, zur Vertreibung jüdischer Gemeinden geführt. Aus dieser Sicht ergeben sich Mitursachen für die Möglichkeiten von Auschwitz".

Der heilsame Wandel in der Haltung der christlichen Kirchen zu den Juden wurde, neben eindringlichen Verlautbarungen zahlreicher angesehener Sprecher der christlichen Kirchen, 1980 deutlich durch ein Treffen in Mainz zwischen dem Papst und den Vertretern der jüdischen Gemeinde, ferner ganz signifikant durch den Besuch des

Papstes (1986) in der Synagoge in Rom, wobei Johannes Paul II sich herzlich öffnete mit den Worten:

"Ich bin Euer Bruder".

In einem Gebet kurz vor seinem Tode sprach Papst Johannes XXIII: "Wir erkennen nun, dass viele Jahrhunderte der Blindheit unsere Augen bedeckt haben, sodass wir die Schönheit Deines Auserwählten Volkes nicht mehr sehen und in seinem Gesicht nicht mehr die Züge unseres erstgeborenen Bruders wieder erkennen. Wir erkennen, dass das Kainszeichen auf unserer Stirn steht. Jahrhundertelang hat Abel daniedergelegen in Blut und Tränen, weil wir Deine Liebe vergaßen. Vergib uns den Fluch, den wir zu Unrecht aussprachen über den Namen der Juden. Vergib, dass wir Dich in ihrem Fleisch zum zweiten Mal kreuzigten."

Zweierlei Sicht

Zwei bedeutende Schriftsteller zeigen das Spannungsverhältnis zwischen dem erhabenen und würdigen Jesus Christus und dem Gewaltinhaber Pontius Pilatus und machen deutlich, welche Welten beide trennen.

Der mit dem Nobelpreis ausgezeichnet französische Schriftsteller Anatol France[60], dessen Werke auf den Index gesetzt wurden, gibt in seiner Erzählung "Der Statthalter von Judäa" ein Gespräch wieder, das der alternde Pilatus nach Jahren mit seinem früheren Freund Lamia führte, den er zufällig getroffen hatte:

"Erlaube, dass ich dir sage, du hast der Straßenvenus allzu viel geopfert; vor allem aber tadle ich dich, Lamia, dass du dich nicht nach dem Gesetz verheiratet und dem Staat Kinder geschenkt hast, wie es Pflicht jeden guten Bürgers ist."

Doch der einst von Tiberius Verbannte (Lamia) hörte dem alten Statthalter gar nicht mehr zu. Er hatte seinen Becher Falerner geleert und lächelte einem unsichtbaren Bilde zu.

Nach kurzem Schweigen sagte er mit gedämpfter, doch allmählich sich hebender Stimme: "Sie tanzen mit so schmachtendem Ausdruck, die syrischen Frauen! Ich habe in Jerusalem eine Jüdin gekannt, die in einer Spelunke beim Schein eines qualmenden Lämpchens auf einem armseligen Teppich tanzte und dabei mit erhobenen Armen die Zimbeln schlug. Mit ihrer schlanken Gestalt, dem zurückgeworfenen Kopf, der gleichsam von der Last des üppigen roten Haares niedergezogen wurde, den glühenden, schmachtenden, von Wollust verschleierten Augen, den geschmeidigen Gliedern hätte sie selbst Kleopatra vor Neid erblassen lassen. Ich liebte ihre wilden Tänze, ihren etwas rauhen und dennoch so einschmeichelnden Gesang, ihren Weihrauchduft, den Halbschlummer, in dem sie zu leben schien. Ich folgte ihr überallhin. Ich mischte mich unter die schlechte Gesellschaft von Soldaten, Gauklern und Zöllnern, von der sie umgeben war. Eines Tages verschwand sie, und ich sah sie nicht wieder. Lange suchte ich sie in den berüchtigten Gassen und Schenken. Es war schwerer, sich ihrer zu entwöhnen als des griechischen Weins. Nach einigen Monaten hörte ich zufällig, sie habe sich einer kleinen Schar von Männern und Frauen angeschlossen, die einem jungen Wundertäter aus Galiläa folgten. Er hieß Jesus der Nazarener und wurde wegen irgendeines Verbrechens ans Kreuz geschlagen. Erinnerst du dich an diesen Mann, Pontius?"

Pontius Pilatus runzelte die Brauen und führte die Hand zur Stirn wie jemand, der in seinem Gedächtnis etwas sucht.

"Jesus?" murmelte er nach kurzem Schweigen. "Jesus der Nazarener?

Ich erinnere mich nicht."

Hat France erfasst, welchen Eindruck das Verhalten und die Persönlichkeit des Galiläers, des geduldig leidenden auf den Richter ausgeübt haben mag? Jesus war - auch der geschundene und gequälte - ein Mensch, der aus der Erinnerung nicht auszulöschen war.

Selbst an der Kreuzigung beteiligt gewesene Henker haben dem Gekreuzigten - soweit es diesen hartgesottenen Legionärs-Soldaten überhaupt möglich war - in ihrer primitiven Art die Anerkennung nicht versagt. Treffend beschreibt dies Ernest Hemingway[61] in der Story "Heute ist Freitag". Er lässt drei angetrunkene Soldaten am Abend der Kreuzigung in einer jerusalemer Weinkneipe in ihrem platten Soldatenjargon sich bewundernd erinnern: "Der hat sich heute da recht ordentlich benommen."

Der eingangs erwähnte kirgisische Schriftsteller Tschingis Aitmatow[62] greift in seinem Werk "Der Richtplatz" die Motive und Ränke des Pilatus auf und zwar zu der Frage: Worin unterscheiden sich der mächtige Richter und der Zimmermannssohn aus Nazareth? Aitmatow, (ein mit dem Leninpreis dekorierter Schriftsteller) hat mit diesem vielbeachteten Roman noch vor der Gorbachow-Zeit in der damaligen Sowjetunion unpopuläre Themen einem breiten Publikum zugänglich gemacht. Er schreibt:

> "Und nach alldem möchtest du", fuhr Pontius Pilatus unversehens heiser fort, "dass ich, Roms Prokurator, dir die Freiheit schenke?"
>
> "Ja, gütiger Regent, lass mich frei."

"Und was wirst du tun?"

"Mit dem Wort Gottes durch die Lande ziehen."

"Halt mich nicht für dumm!" schrie der Prokurator und sprang, außer sich vor Zorn, auf. "Nun habe ich mich endgültig davon überzeugt, dein Platz ist am Kreuz, nur der Tod kann dich bändigen!"

"Du irrst, hoher Regent, der Tod ist machtlos vor dem Geist", sprach Jesus fest und vernehmlich...

"Ich denke darüber nach, Statthalter Roms, dass wir beide so verschieden sind und einander kaum jemals verstehen werden. Warum soll ich meiner Seele Gewalt antun und mich von der Lehre des Herrn lossagen, nur weil es dir und dem Kaiser nützt, die Wahrheit aber darunter leidet?"

"Wirf keinen Schatten auf die Interessen Roms. Was Rom nützt, steht über allem."

"Über allem steht die Wahrheit und nichts als die Wahrheit. Zweierlei Wahrheiten gibt es nicht."

"Erneut verstellst du dich, Landstreicher!... Und du, Jesus von Nazareth, du willst also der Geschichte des Bösen Einhalt gebieten."

"Niemand gebietet der Geschichte Einhalt, ich möchte das Böse in den Taten und dem Trachten der Menschen ausmerzen - das ist es, was meinen Kummer ausmacht."

"Ich übe unter der Obhut des Tiberius die Macht über Judäa aus, und darin sehe ich den Sinn meines Lebens, und ich habe ein ruhiges Gewissen. Es gibt keine höhere Ehre, als dem unbesiegbaren Rom zu dienen!"

"Du bist keine Ausnahme, Statthalter Roms, fast ein jeder verlangt leidenschaftlich danach, über wenigstens einen einzigen seiner Brüder zu herrschen. Darin liegt das Unheil."

Pilatus bemerkt: "Den Menschen ist nichts beizubringen, weder mit Predigten in Tempeln noch mit Stimmen vom Himmel! Sie werden immer den Kaisern folgen, wie die Herde dem Hirten, und sie werden vor der Stärke und dem Wohlstand in die Knie gehen und den verehren, der sich als der schonungsloseste und mächtigste von allen erweist... Möge der eigene Zar hochleben, der andere aber zerschmettert und auf die Knie gezwungen werden."

Pilatus zu Jesus: "Mir ist nicht klar, ob du spielst oder tatsächlich frei von Angst bist und die qualvollste Hinrichtung nicht fürchtest. Was macht es denn aus, wenn du nicht mehr sein wirst, ob du noch etwas aussprechen konntest oder nicht, wer dich anhörte und wer nicht? Wem soll es noch nützen? Ist das nicht alles nichtig und ein reiner Jahrmarkt der Eitelkeiten?"

"Sag das nicht, Herrscher, dies ist kein eitler Tand! Die Gedanken vor dem Tod steigen unmittelbar zu Gott empor, für Gott ist wichtig, was der Mensch vor dem Tod denkt, und danach beurteilt Gott die Menschen, die er einst als Krone der Schöpfung unter allem Lebenden erschaffen hat, denn die letzten der allerletzten Gedanken sind immer rein und aufrichtig, in ihnen lebt nur die Wahrheit und keine Hinterlist."

So weit Aitmatow.

Hat er mit seiner letzten Aussage recht, in der er Jesus über die letzten Gedanken sprechen lässt? Wie ist es mit den Menschen, die unerwartet vom Tode ereilt werden? Dieses Thema lässt Aitmatow aus. Er spricht aber die Grundfrage nach der Angst an. Die Tiefenpsychologie versucht, menschliches Verhalten und Fehlverhalten mit der Angst zu ergründen. Diese Theorien - die Angst als Ursünde; diese Urangst (Ursünde = Erbsünde) ist der endlichen Freiheit immanent (innewohnend) - sind nicht unumstritten.[63, 64]

Machterhalt, Gerechtigkeit und Liebe

Eugen Drewermann[65] hebt eindringlichst ins Bewusstsein:

"In den Augen Jesu" zähle nur, "der es nicht nötig hat, andere Menschen seinem Diktat zu unterwerfen und über sie zu herrschen; wirklich "königlich" ist für ihn einzig und allein ein Mensch, der sich vor der Not des anderen beugt und ihm auf jede erdenkliche Weise hilfreich zu sein versucht. Stärker als alle Weisungen und Befehle ist in seinen Augen die Macht der Liebe. Sie ist das einzige "Königtum", das sich mit der Freiheit und der Würde eines Menschen vereinbaren lässt. Nur in der Liebe ist die Unterwerfung unter fremden Willen nicht erniedrigend".

"Ein solches Reich der Liebe wollte Jesus heraufführen; ...in diesem Königreich des Himmels würde ein jeder sich wieder seiner königlichen Abkunft, seines göttlichen Ursprungs, erinnern können. Um diese alles verändernde Entdeckung ging es Jesus! Es ist für einen jeden Menschen möglich, noch heute zu spüren, dass er Gott in seinem Herzen trägt; es ist möglich, sich selbst in seinem eigenen Leben ganz und gar zu bejahen, schon weil Gott will, dass es uns gibt; und es ist möglich zu glauben, dass alles, was war, die gesamte Vergangenheit, zu einem Weg wird, der zu Gott hinführt..."

"Pontius Pilatus steht da als lebendes Porträt menschlicher Macht... Er macht weiter in den Dunstkreisen der Macht. Der Gott, an den er glaubt, ist der Kaiser... Pilatus, dieser Mann der Macht, dieser Repräsentant der Weltmacht Roms, dieser Amtsträger des Kaisers, des lebenden Gottes auf Erden ist in Wahrheit bis zur Groteske abhängig, unfrei und ohnmächtig. Fragen der Religion versteht er nicht... Dass ihm in Jesus ein Mensch begegnet, für den das Verhältnis zu Gott die Quelle aller Unabhängigkeit und Freiheit ist, vermag er nicht zu sehen, und so gehorcht er der unerbittlichen Logik des Machterhalts."

Die Frage, ob dieser Pontius Pilatus - übrigens der einzige Mensch, der neben der Mutter Jesu im christlichen Glaubensbekenntnis namentlich genannt ist - ein Henker wider Willen war, das mag jeder versuchen zu beantworten.

Die Schuld des Pontius Pilatus auszuloten und zu wägen - wer könnte hier gerechten Gerichts urteilen?

Mit den Fragen, die sich bei der Beurteilung von Pilatus stellen, sind auch die unausweichlichen Probleme der Theodizee (Rechtfertigung Gottes hinsichtlich des von ihm zugelassenen Übels und Bösen) und der Prädestination (göttliche Vorherbestimmung zur Seligkeit oder Verdammnis) sowie die Frage der Willensfreiheit mit zu bedenken. Sie stellen sich immer wieder beklemmend, wenn in der Heiligen Messe der Leidensübernahme Jesu Christi "Denn am Abend, an dem er (Christus) ausgeliefert wurde und sich aus freiem Willen dem Leiden unterwarf" gedacht wird.

Ist es dem Menschen überhaupt möglich, diese Fragen mit seinem Verstand erfolgreich zu entschlüsseln?

Der Theologe Klaus Berger[66] formuliert die Frage, die sich für jeden Menschen stellt: "Wie kann Gott Leid und Katastrophen zulassen?"

Karl Rahner[67] hat 1990 in seiner zupackenden Art die Fragen aufgeworfen: "Ist der Mensch nur eine Laune Gottes? Ein Spiel?"

Rahner ruft herzerschütterndes Elend in unser Bewusstsein: Verhungerte Säuglinge, den Jammer geschändeter Mädchen, zu Tode geprügelte Kinder, Sklaven der Arbeit, Liquidierte, Krüppel, und die um ihre Ehre Gebrachten - seit Adam. Er fragt, "warum gedeiht Unrecht Gut? Weshalb haben Lügen so lange Beine?" Er überdenkt die Weltgeschichte und kommt zu dem Ergebnis: Sie ist ein Strom von Dummheit, Gemeinheit und Brutalität. Weshalb lässt Gott das Böse zu oder warum lässt er den Bösen existieren und agieren? Wo sind da die Spuren von Gottes Gerechtigkeit und seiner Güte?

Wie sollen wir das Bibelwort erfassen, "...Jahrtausende haben nicht gesehen, was ihr seht". Sehen wir wirklich das Heil? Hat Jesus die heile Welt - erkennbar - herbeigeführt, lag es in seinem Plan, sie überhaupt herbeizuführen?

Wiegen erlebte und bis zur Neige ausgekostete Stunden der Glückseligkeit Grauen und Leid auf? Manchmal vermag das Hochgefühl der Freude über unverdient zuteil gewordene, unerwartete ehrliche Zuwendung zu versöhnen. Der Liebe eines Mitmenschen oder gar eines Fremden mag es mitunter gelingen, dem Unheil zu widerstreiten. Werden damit Unrecht und Bosheit, Unheil und Übel, aufgehoben?

Romano Guardini[68] fragt: "Welche menschliche Haltung ist gegenüber der nicht zu ergründenden Dunkelheit angezeigt? Er bietet - selber hilflos - das Wort vom Vertrauen an. "Das Vertrauen auf die Macht, die im Letzten den Sieg SEINER Gesinnung über den Zustand des Daseins bewirken wird. Vertrauen ist der einzige Schlüssel, um bestehen zu können. Wahrscheinlich ist der Weg zum Vertrauen für jeden Menschen ein anderer, und es kommt darauf an, den eigenen zu finden."[69]

ANMERKUNGEN

Literatur, Schriften und Hinweise

1.) Jahntz/Kähne: *Der Volksgerichtshof* - Berlin 1982 (2. Auflage),
Hrsg.: Der Senator für Justiz und Bundesangelegenheiten, Berlin.

2.) Diels Rudolf: *Lucifer ante Portas... Es spricht der erste Chef
der Gestapo...*, Interverlag Zürich 1950; 1.-20. Tausend Deutsche
Verlags-Anstalt Stuttgart, (S.294)

Diels war der "Schöpfer" der Gestapo (Geheime Staatspolizei),
der er bis Oktober 1933 vorstand. Er gibt ein ausführliches Bild
von Freisler. (S.295): "F. bekannte sich dazu, seine Laufbahn als
ein überzeugter Kommunist begonnen zu haben. In russischer
Kriegsgefangenschaft hatte er es bis zum bolschewistischen
Kommissar gebracht, nachdem er die völlige Beherrschung der
russ. Sprache erlangt hatte. Aber schon 1924 machte er sich als
Verteidiger von Nationalsozialisten ... einen Namen... Er wurde
als einer der ersten Abgeordneten der Partei (N.S.D.A.P.) in den
Preußischen Landtag gewählt. Sein messerscharfer juristischer
Verstand glänzte mit theatralischer Beredsamkeit. Die Farben
seines Temperaments spielten zwischen äußerster Geisteskälte,
philosophischem Enthusiasmus und Kaschemmenton... Dieser
machtgierige Intellektuelle brachte seine Hilfe für die SA in eine brillante juristische Form."

3.) Walter: *Der Nationalsozialismus, Dokumente 1933-1945*, Fischer Taschenbuch Verlag Frankfurt, Sept. 1976.

4.) In den Waldheim-Verfahren haben 51 Richter, eine Richterin und Staatsanwälte der DDR mitgewirkt. Gegen einzelne von ihnen sind zwischen 1992 und 1997 nach dem Vollzug der deutschen Einheit Ermittlungs- und Strafverfahren wegen des Vorwurfs des Mordes, des Totschlags, der Freiheitsberaubung geführt worden.

4a.) Zu Sokrates und Galilei siehe ausführlich Fischer-Fabian S.: *Die Macht des Gewissens von Sokrates bis Sophie Scholl,* Broemer Knaur München 1987, (S.113-199), sowie zu Galilei auch Lütz (unten Ziffer 64, S.112-115).

Die neueren Arbeiten von Fischer-Fabian und Lütz sind benannt und herangezogen, weil sie differenziertere Einschätzungen ermöglichen, die von gängigen Klischees abweichen.

5.) Über das historische Geschehen bestehen eine Reihe unterschiedlicher Erkenntnisse und Auslegungshypothesen. Dies gilt auch für das Datum des Prozesses Jesu. Das Thema dieses Buches gebietet nicht, auf wissenschaftliche oder sonstige Streitfragen in extenso einzugehen.

Vielmehr wird jeweils der nach dem Stand der Wissenschaft - wenn schon nicht erwiesene - so doch - der wahrscheinlichste oder der am meisten einleuchtende Sachverhalt zu Grunde gelegt; von ihm wird ausgegangen. Bei dem seit fast 2000 Jahren erörterten emotionsbeladenen Geschehen wird, soweit dies überhaupt menschenmöglich erscheint, eine zielgerichtete apologetische (wie beispielsweise bei der "Schuldzuweisung") Sichtweise tunlichst vermieden.

6.) Müller Gustav-Adolf: *Pontius Pilatus, der fünfte Prokurator von Judäa und Richter Jesu von Nazareth*, Stuttgart Verlag der J.B. Metzlerschen Buchhandlung 1888, (S.5 ff., S.42).

7.) Aitmatow Tchingis: *Der Richtplatz*, Moskau 1986, (S.219 f.), hier benutzt: Unionsverlag Zürich 1987.

8.) Ben-Chorin Schalom: *Bruder Jesus, der Nazarener in jüdischer Sicht*, zuerst 1967 - hier benutzt. Deutscher Taschenbuch Verlag München 1987, (S.156).

9.) Lapide Pinchas: *Wer war Schuld an Jesu Tod?*, Gütersloher Taschenbücherei Siebenstern 1419; Gütersloh 1987, (S.94).

10.) Klein Laurentius: Geleitwort zu Laubscher Friedrich: *Jerusalem - Widerspruch und Verheißung, Geschichte einer Stadt*, Friedrich Bahn Verlag Konstanz, 2. Aufl. 1981, (S.7). Laubscher zitiert Marc Chagall, (S.171).

Laurentius Klein, dem zwei Universitäten den theologischen Ehrendoktortitel verliehen haben, wird als christlicher Brückenbauer zum Judentum gelobt. Er ist mit der Buber-Rosenzweig-Medaille ausgezeichnet worden. Klein hat das theologische Studienjahr in Jerusalem gegründet, an dem bisher mehr als 700 deutschsprachige Studenten unterschiedlicher Konfession teilgenommen haben.

11.) Wouk Hermann: *Das ist mein Gott; Glaube und Leben der Juden*, 1959 - hier benutzte Deutsche Ausgabe, Albrecht Knaus Verlag Hamburg 1984, Goldmann Verlag, ISBN 3-442-08526-8, (S.23 ff.).

12.) Für die Ausführungen über die Römerherrschaft sind im Wesentlichen herangezogen:
Mommsen Theodor: *Römische Geschichte* Bd.7, DTV Biblio-

thek, 3. Auflg. 1984 München, ISBN 3-423-06059-X, (S.149 ff.) zu Syrien, (S.188 f.) zu Judäa und die Juden.

Müller Karlheinz: *Möglichkeit und Vollzug jüdischer Kapital-gerichtsbarkeit im Prozess gegen Jesus von Nazaret*, im Kertelge Karl, Hrsg.: *Der Prozess gegen Jesus*, Herder Freiburg-Basel-Wien 1988, ISBN 3-451-02112-9, (S.44 ff.).

13.) Philo von Alexandria, die Werke in deutscher Übersetzung; Hrsg. Leopold Cohn, Isaak Heinemann, Maximilian Adler und Willy Theiler Bd.7; Walter de Gruyter & Co Berlin 1964: *Die Gesandschaft an Caligula*, (S.21 f.) übersetzter Text von Buchwald - hier wiedergegeben nach Grant Michael: *Roms Cäsaren* (übersetzt aus dem Englischen), Gondrom Verlag Bindlach 1985, (S.86).

14.) Kurth Wolfram / Lange-Eichbaum Wilhelm: *Genie Irrsinn und Ruhm*, 6.Aufl., Ernst Reinhardt Verlag München/Basel 1967, (S.284).

15.) v. Hentig Hans: *Über den Cäsarenwahn, Die Krankheit des Kaisers Tiberius*, Verlag von Bergmann München 1924, (S.25).

16.) Sueton Cäsarenleben, erläutert von Max Heinemann 7. Auflage, bearbeitet von Reinhard Häussler, (S.224).

17.) Tacitus: Annalen, ed. Carl Hoffmann, Emil Vollmer Verlag Wiesbaden Lizenzausgabe des Heimeran Verlages 1980, (S.58).

18.) Dommershausen Werner: *Die Umwelt Jesu*, Herder Freiburg - Basel - Wien, 4. Auflage als Sonderausgabe Freiburg 1977/87, ISBN 3-451-200886-5, (S.54 ff.), mit ausführlichem Literaturverzeichnis.

19.) Gnilka Joachim: *Der Prozess Jesu nach den Berichten des Markus und Matthäus* in: Kertelge (siehe Ziff.17b) zu "ius" bzw. "potestas gladii" (S.28 ff.) mit Literaturhinweisen.

20.) Zum Verhältnis Tiberius - Seian:

Friedental Martin: *Seian, eine Studie zur Regierung des Tiberius*, (Doktorarbeit; grundlegend) Universität Heidelberg 1957 (nur in Maschinenschrift).

Kroll Gerhard: *Auf den Spuren Jesu*, Verlag Kath. Bibelwerk Stuttgart, Lizenzausgabe des Benno-Verlages Leipzig GmbH 1979, (S.440 ff.), in dem mit Akribie verfassten und mit eingehenden Quellen- und Literaturhinweisen ausgestatteten Werk wird Seianus, der Chef der kaiserlichen Garde, als berüchtigter Antisemit gekennzeichnet, (S.199). Seine Ernennung habe Pilatus seinem Gönner Seianus zu verdanken gehabt. Kroll führt (ohne dafür eine Quelle zu benennen) weiter aus, (S.44): "Aus Dankbarkeit gab Pilatus seinem Erstgeborenen den Namen seines Gönners: Aelius (Seianus)." Hinweise auf Kinder des Pilatus wurden in der vorliegenden Literatur allerdings nicht gefunden.

21.) Pixner Bargil (Vergil): Noch einmal das Prätorium in: *Zeitschrift des Deutschen Palästinavereins* 95, (1979), Köln, (S.56-86).

Pater Bargil Pixner, OSB aus Südtirol, verstorben im März 2002, gehörte seit über 20 Jahren der Benediktinerabtei in Jerusalem (Dormitio) an. Er gilt für fast alle Religionsgemeinschaften in Jerusalem in archäologischen Fragen als "Instanz". Er kommt zu dem Ergebnis, das Prätorium des Pilatus (der tatsächliche Ort der Verurteilung Jesu, dessen Lage Jahrzehnte lang umstritten war), befand sich im "alten herodianischen Palast" (und nicht in der heutigen Zitadelle).

22.) Flavius Josephus, übersetzt von Clementz - hier verwendet 4. Auflage 1985, Josef Melzer Verlag Darmstadt: *Antquitates - jüdische Altertümer VII*, (S.489).

23.) Cohn Chaim: *Der Prozess und Tod Jesu aus jüdischer Sicht* - hier benutzt - erste (deutsche) Auflage, 1997, Jüdischer Verlag im Suhrkamp Verlag Frankfurt a. Main.

24.) Lapide, (siehe Ziff 9), (S.68).

25.) Durant Will: *Der Aufstieg Roms und das Imperium in der Kulturgeschichte der Menschheit*, (übersetzt ins Deutsche v. Schneider Ernst; Redaktion Dollinger Hans) Sonderausgabe der Naumann & Göbel Verlags-Ges. Köln, 1985, (S.271 ff., S.779).

26.) Flavius Josephus: *De Bello Judaico - Der jüdische Krieg*, von Michel Otto und Bauernfeind Otto, Griechisch und Deutsch, Kösel Verlag München 1969 Bd.II, (S.215 f., S.117 ff.).

27.) Luk. 13,1-5.

28.) Blinzler Josef: *Die Niedermetzelung von Galiläern durch Pilatus*, in: *Novum Testamentum*; An International Quarterly for New Testament and Related Studies, Leiden 1957, (S.24-49).

Der Dichter Clemens Bretano (1778-1842) erwähnte vor mehr als einhundert Jahren in seinen Aufzeichnungen über die Visionen der Katharina Emmerick (verst. 1824) aus Dülmen den Bau und Einsturz eines Turmes der Wasserleitung; Brentano Clemens: *Das bittere Leiden unseres Herrn Jesu Christi*, Nationale Verlagsanstalt Regensburg 1895 (Anmerkung S.186 f.):

"Die Veranlassung der Feindschaft des Pilatus und Herodes war nach den Betrachtungen der Erzählenden folgende: Pilatus hatte an der Südostecke des Tempelberges, über die Schlucht, in welche der Teich Bethesda sich leert, eine große Wasserleitung und Unratableitung am Tempel zu bauen unternommen; Herodes hatte ihm durch Vermittlung eines schlauen Herodianers, der im Synedrium war, Baumaterial und achtzehn Baumeister, welche auch Herodianer waren, dazu überlassen. Es war die Absicht des Herodes, den römischen Landpfleger durch Verunglücken des Baues mit den Juden noch mehr zu entzweien. Die Baumeister bauten auf Umsturz, und als das kühne Werk seiner Vollendung nahe, und noch sehr viele Bauleute aus Ophel damit beschäftigt waren, die Gerüste unter den Bogenstellungen wegzubrechen, harrten die achtzehn Architekten auf einem Turme der nahen Gegend Siloa des Erfolges. Das Gebäude stürzte ein, aber auch ein Teil ihres Standortes, dreiundneunzig Arbeiter kamen um, aber auch achtzehn Baumeister. Der Einsturz geschah einige Tage vor dem 8. Januar, des zweiten Lehrjahres Jesu, an welchem Tage Johannes der Täufer in dem Schlosse Mächerunt enthauptet wurde, und die Feier von Herodes´ Geburtsfest dort begann; es begab sich wegen des Einsturzes kein römischer Offizier auf dieses Fest, obschon selbst Pilatus heuchlerisch eingeladen war ...”

Die Mitteilungen der Seherin sind sicherlich keine verlässlichen historischen Quellenangaben. Zeitgeschichtlich bemerkenswert ist aber doch noch folgende Mitteilung, (S.187):

"Die Verfeindung des Pilatus und Herodes ward aber durch die Rache, die der erstere mit wegen dieses verräterischen Baues an den Anhängern des Herodes nahm, noch vermehrt. Am 25. März warnt Lazarus am Badesee bei Bethulien den Herrn und die Seinigen vor diesem Osterfeste, es drohe ein Aufruhr des Judas Gaulonita gegen Pilatus. Am 28. März verkündet Pilatus in

Jerusalem die Tempelsteuer, teils mit um die Kosten der eingestürzten Tempelmauer zu decken, und es entsteht ein Tumult unter den galiläischen Anhängern des Freiheitseiferers Judas aus
Gaulon, der mit seinem ganzen Anhange, ohne es zu wissen, ein
Werkzeug der Herodianer war. Die Herodianer aber waren eine
Gemeinschaft, wie heutzutage die Freimaurer, ich sehe sie oft
ganz als dasselbe. Am 30. März ist Jesus mit den Aposteln und
dreißig Jüngern zu Jerusalem im Tempel, er lehrt im braunen galiläischen Gewand morgens 10 Uhr. An diesem Tage entsteht der
Aufruhr des Judas Gaulonita gegen Pilatus, die Meuterer be-
freien fünfzig ihrer vorgestern gefangenen Anhänger; es werden
mehrere Römer getötet. Am 6. April lässt Pilatus die opfernden
Galiläer durch verkleidete, im Tempel verteilte Römer überfal-
len und ermorden. Judas Gaulonita kommt dabei um. Pilatus
rächt sich so an Herodes in dessen Untertanen und Anhängern
wegen der eingestürzten Wasserleitung."

31.) Goethe Johann Wolfgang (1795): *Wilhelm Meisters Lehrjahre*,
Reclam Stuttgart 1982, ISBN 3-150-07826-1, Hrsg. Ehrhard
Bahr, (S.139).

32.) Ziffer 13, Philo, (S.249).

33.) Ziffer 22, Flavius, (S.519 f).

34.) Zur Dauer der Reise von Cäsarea nach Rom bzw. dem Hafen
Putuoli liegen sichere Berichte nicht vor. Die Seefahrt dürfte güns-
tigsten Falls zwei Wochen gedauert haben (außerhalb des mare
clausum, das vom 11. Nov. bis 10. März dauerte), falls die Fahrt
der Küste entlang ging (mit Zwischenstopps), schreibt Sahm -
Sahm W. Ulrich: Was Seeleute zur Zeit Jesu sammelten, in: *Das
heilige Land*, 124. Jahrgang Heft 4 Dez. 1922 Köln, (S.12).

In seinem Werk Caligula nimmt Philo, (siehe Ziff. 13, Anmerkung 2, S.239), eine Reisezeit von vier Wochen zwischen Syrien und Rom an.

Demandt nimmt an - Demandt Alexander: *Hände in Unschuld*, Böhlau Verlag Köln-Weimar-Wien 1999, ISBN 3-412-01799-X, (S.194f) - , Pilatus habe den Landweg genommen, was nicht verifiziert ist. Auch für eine Reisedauer von drei Monaten liegen keine gesicherten Erkenntnisse vor.

Pilatus war nach seiner zehnjährigen Herrschaft mit Sicherheit wohlhabend. Schon deshalb lässt sich vermuten, dass er die auch damals für einen vermögenden Mann weniger strapaziöse Schiffsreise gewählt hat. Unklar ist, ob ihn seine Frau begleitet und ob er Sklaven mitgenommen hat; dazu liegen keine Forschungsergebnisse vor.

Anschaulich informiert Breusing - Breusing A., Direktor der Seefahrtschule in Bremen: *Die Nautik der Alten*, 1886 - hier benutzt: Neudruck 1982, ISBN 3-500-21830-x - über die Schifffahrt der Alten (auch über die "Reise" des gefangenen Apostels Paulus nach Rom).

Da wie ausgeführt, Pilatus kein mittelloser oder gar gefangener Passagier war, hat er vermutlich zu den bevorzugten Reisenden gehört. Bei Breusing heißt es dazu, (S.161): "Auf dem Hinterdeck waren bedeckte Räume hergerichtet, die dem Reeder und Schiffer und vornehm Reisenden Obdach gewährten." Breusing erwähnt auch (S.196) die dürftige Unterbringung von "Kriegsleuten" und Gefangenen und bemerkt, im Altertum hätten nur die ganz vornehmen Passagiere täglich zubereitete Speisen erhalten, während für die übrigen nur die vor der Abfahrt vorbereiteten Rationen verteilt worden seien. (Die angeheftete Seekarte ist dem Werk von Breusing aus dem Jahre 1886 entnommen.)

Die Annahme von Heiligenthal - Heiligenthal Roman, Pontius Pilatus fünfter Prokurator in Judäa, in: *MUT-Forum für Kultur, Politik und Geschichte*, Nr.404 April 2001, MUT Verlag Asendorf -, Pilatus habe Glück gehabt, dass Tiberius schon gestorben war, als er in Rom eintraf (S.87), wird kaum als gesichert anzusehen sein. Trotz des Rüffels, den Pilatus von Tiberius wegen des Aufstellens der Weiheschilde in Jerusalem einstecken musste ist nicht auszuschließen, dass er inzwischen u.a. wegen des Baus des Tiberieums in Cäsarea wieder persona grata geworden war und mit einem Freispruch rechnete.

Zusammenfassend lässt sich über die Reise des Pilatus nach Rom und den Zeitpunkt seines Eintreffens gesichert nur sagen: Er traf nach dem Tode des Kaisers Tiberius (16.3.37) ein.

35.) Blinzler Josef: *Der Prozess Jesu*, Verlag Frierich Pustet Regensburg 1969 - hier benutzte 4. Auflage, (S.260 ff.).

Die umfassende Arbeit von Blinzler wurde - soweit zu übersehen , wohl ausnahmslos zu den Arbeiten aus neuerer Zeit über den Prozess Jesu als unentbehrliche Hilfe herangezogen.

36.) Schürer Emil: *Geschichte des Jüdischen Volkes im Zeitalter Jesu Christi*, C.J. Hinrichsche Buchhandlung Leipzig 1901 - hier benutzt 3. und 4. Auflage - (S.434).

Unter Hinweis auf Philo (Legatio), (siehe Ziff. 13) nennt Schürer als Teilnehmer an der Klage beim Kaiser die Herodessöhne Philippus und Antipas. Die zwei anderen Königssöhne sind nicht namentlich auszumachen (Herodes der Grosse hatte zehn Söhne). Schürer erwähnt als mögliche Teilnehmer: Herodes, Sohn der

Mariamme, genannt "Privatmann", Herodes, Sohn der Kleopatra und Phasael, Sohn der Pallas. Eine Beschreibung der Herodesfamilie würde eine gesonderte umfangreiche Monographie erfordern.

37.) Volkmann Hans: *Die Pilatusanschrift von Caesarea Maritima*, in: *Gymnasium 75*, 1968, (S.124-135).

Strobel August: *Die Stunde der Wahrheit*, JCB Mohr (Paul Siebek) Tübingen, ISBN 3-161-43041-7 1980, (S.108), (siehe Anmerkung 28).

38.) Creizenach W.: Legenden und Sagen von Pilatus in: *Beiträge zur Geschichte der deutschen Sprache und Literatur*, herausgeben v. Paul Braune, Halle 1874, (S.89 ff.).

39.) Bamm Peter: *Eines Menschen Zeit*, Droemer Knaur Verlag Zürich 1972, ISBN 3-858-6003-4 - hier benutzte Auflage, März 1973, (S.49). Bamm gibt keinen Quellenhinweis und er verlegt das Gespräch des Pilatus mit Lamia, wie es Anatol France dichterisch schildert (siehe unten) fälschlich nach Saarbrücken. Der saarländische Landeskonservator widersprach (auch im übrigen) der Annahme von Bamm (Kolling in der Zeitung Rheinpfalz v. 9.4.1974).

Ferner: *Petit Larusse*, Paris 1909, (S.1525), ohne nähere Hinweise.

40.) Blinzler, (siehe Ziff. 35, S.45 ff.), behandelt die nicht christlichen Quellen.

41.) Blank Josef: *Die Johannespassion - Intentionen und Hintergründe*, in: Kartelge, (S.151 f.), (siehe Ziff. 12 am Ende).

42.) Thiede Carsten Peter, Zitat aus *IDEA* (Evangelische Nachrichtenagentur Deutschland) v. 11. April 2001.

Demandt, (siehe Ziff. 34), erörtert ausführlich die Tafel mit der Aufschrift INRJ, dem "titulus", (S.85 ff., 169 f., 185 ff.). Er hält die Reliquie für eine (S.186) "pia fraus", ein Dokument der Frömmigkeitsgeschichte. Eine Stellungnahme zu der Annahme von Thiede war ihm bei der Drucklegung seines Werkes *"Hände in Unschuld"* im Jahre 1999 noch nicht möglich.

43.) Pesch Rudolf: *Das Evangelium der Urgemeinde*, Herder Freiburg-Basel-Wien 1979 - hier verwendet 3. Auflage 1984, (S.37 ff.).

44.) Dommershausen, (siehe Ziff. 18), (S.121 f.):

Paschafest: Erinnerung an die Befreiung aus Ägypten (im Frühjahr). Wochen- oder *Pfingstfest*: Dank für die Getreideernte; Erinnerung an die Gesetzgebung auf dem Sinai (50 Tage nach Ostern).

Erntedank- und *Laubhüttenfest* im Herbst: großer Versöhnungstag im Herbst.

Das Volk demütigte sich durch Fasten, während der Hohepriester das Allerheiligste des Tempels betritt und hier das Blut der Opfertiere aussprengt. Zu den drei erstgenannten Festen hielten sich in Jerusalem (etwa 30000 Einwohner) noch etwa 100.000 Festpilger auf. Von Wouk, (siehe Ziff. 11), (S.68 ff.), werden nähere Einzelheiten zu den Festen mitgeteilt.

45.) Pixner, (siehe Ziff. 21).

46.) Blinzler Josef in: *Lexikon für Theologie und Kirche*, Herder Freiburg, Dritter Band 1959, Spalte 419 zu Dismas, Vierter Band 1960 Spalte 843 zu Gestas (auch Gesmas) siehe auch *Legenda AUREA* (entstanden zwischen 1263 u. 1273) Verlag Lambert Schneider übersetzt aus dem Lateinischen von Richard Benz,

11. Auflg. 1993, (S.257 u. 258). Über die beiden Schächer, die mit Jesus gekreuzigt wurden, siehe Lk. 23,39-43 und Mk. 15,27. Dismas ist der legendäre Name des reuigen mit Jesus zur Rechten und Gestas (auch Gesmas) zur Linken gekreuzigten Schächers, der gegen Jesus lästerte. Dismas, der reuige Schächer, wird als Patron der zum Tode Verurteilten verehrt. Ihm hat Jesus den Eingang ("noch heute") ins Himmelreich versprochen.

47.) Die Zahl der unter Pontius Pilatus während seiner Amtsführung (26-36/37) Gekreuzigten ist nicht bekannt.

Lapide (siehe Ziff. 9) führt aus, (S.73), Pilatus habe während seiner Amtszeit - nach konservativen Schätzungen, sechstausend Juden kreuzigen lassen. (Einen Hinweis, um welche "konservativen Schätzungen" es sich handelt, hat Lapide nicht gegeben).

Andere Autoren u.a.:

Otte Gerhard: *Neues im Prozess gegen Jesus*, in: Neue Juristische Wochenschrift (NJW) 1992, Heft 16 (S.1019 - hier S.1021) haben diese Schätzungen erwähnt oder übernommen. Die Zahlenangabe sechstausend ist jedoch nicht verlässlich.

Fricke - Fricke Weddig: *Der Fall Jesus*, Rasch und Röhrig Verlag Hamburg 1995, ISBN 3-891-36562-4, (S. 261) und derselbe: *Standrechtlich gekreuzigt*, Mai Verlag Buchschlag - hier benutzt 3.Auflg. 1987, ISBN 8-793-6169-x, (S.144) - spricht in beiden Büchern gleichlautend von "Hunderten und Tausenden..., die unter dem kreuzigungsfreundlichen Pontius Pilatus hingerichtet wurden...". Die Ausführungen von Fricke stützen die angegebene Zahl nicht.

Auch aus der sehr negativen Beurteilung durch:

Philo, (siehe Ziff. 13), *Legatio*, (S.249f.), sind sichere Anhaltspunkte für die Zahl der Kreuzigungen nicht zu erhalten. (Philo charakterisiert Pilatus als unbeugsam und rücksichtslos. Er wirft Pilatus vor: "Bestechlichkeit, Gewalttaten, Räubereien, Bedrückungen, fortwährende Hinrichtungen ohne Urteilsspruch und grenzenlose, unerträgliche Grausamkeit".

Diese Charakterisierung lässt darauf schließen, dass Pilatus kaum Hemmungen hatte, Kreuzigungen anzuordnen. Sie stützt aber nicht die ungeheuer große, von Lapide angegebene Zahl dieser infernalisch grausamen - auch von den Römern schon im Altertum so empfundenen - Tötungen.

Zur Kreuzigung, ihrer Herkunft und ihrem Alter führt Bösen (siehe unten Ziff. 55) - (S.228 ff.) aus: "Die Kreuzigung gilt neben der crematio (= Verbrennen) und damnatio ad bestias (= Tierkampf in der Arena) als besonders grausam. Cicero, der berühmte Redner und Anwalt im Rom des 1. Jh. v. Chr. nennt sie die grausamste und fürchterlichste Todesstrafe... Für Tacitus ist der Tod am Kreuz eine sklavische Todesstrafe, für Josephus die erbärmlichste aller Todesarten... In Herkunft und Alter ist die Kreuzigung ungeklärt. Glaubt man dem griechischen Geschichtsschreiber Herodot (gest. 425 v. Chr.), wird sie erstmals von den Medern und Persern praktiziert. Zu ihrer Verbreitung trägt nicht wenig Alexander der Grosse (gest. 323 v. Chr.) bei, der sie in seinem weiten Reich häufig anwendet. Zu den Römern gelangt sie während der Punischen Kriege (1. Krieg: 264-241 v. Chr.) über die Karthager. In Palästina findet sie relativ früh Anwendung... Alexander Jannäus (103-76 v. Chr.) lässt um 90 v. Chr. 800 Gegner in Jerusalem kreuzigen. Keinen Gebrauch von dieser grausamen Strafe macht überraschender

Weise Herodes der Grosse (gest. 4 v. Chr.)... In Palästina erheben sich vor allem im Vorfeld des Jüdischen Krieges (66-74 n. Chr.) warnend an vielen öffentlichen Stätten zahllose Kreuze. ...erst Konstantin wird die Kreuzigung wegen des Kreuzes Christi abschaffen, vermutlich nach 320 n. Chr."

Kuhn kommt für Kleinasien und Griechenland - Kuhn Heinz-Wolfgang in seiner Monographie: *Jesus als Gekreuzigter in der frühchristlichen Verkündigung bis zur Mitte des 2. Jahrhunderts*, in: Zeitschrift für Theologie und Kirche, 72. Jahrgang, Heft 1 (ZthK) Hrsg. Ebeling 1975, (S.1 ff.), hier (S.10) - zu dem Ergebnis: "Für die ersten eineinhalb Jahrhunderte post Chr. n. kenne ich keinen völlig sicheren Beleg für eine vollzogene Kreuzigung." .

Kuhn führt an anderer Stelle - *Die Kreuzesstrafe während der früheren Kaiserzeit in Aufstieg und Niedergang der römischen Welt... II*, Hrsg. Temporini und Haase 1982, (S.648 ff. u. S.690) –aus: "Leider gibt es noch keine ausreichende Darstellung der Geschichte der Kreuzesstrafe, im strengen Sinne nicht einmal im Ansatz". Er stellt heraus: Die erste Kreuzigung, die in diesem Jahrhundert in Palästina bezeugt ist, ist die Kreuzigung Jesu und der beiden mit ihm zusammen gekreuzigten Räuber (Lestai). Zusammenfassend ist festzustellen: Die Anzahl der unter Pilatus Gekreuzigten ist nicht bekannt.

Auch Müller K.H., (siehe Ziff. 12 am Ende), hilft uns mit seiner eingängig formulierten Feststellung nicht weiter: "..denn die unter Varus (verst. 7 n. Chr.) ausgelegte Blutspur lässt sich unter dem späteren Statthalterregiment in der Provinz Judäa mühelos weiterverfolgen".

48.) Rosen Klaus: *Rom und die Juden im Prozess Jesu (um 30 n. Chr.)*, in: Demandt (Hrsg.), Macht und Recht; Große Prozesse der Weltgeschichte - hier benutzt 2. Auflage 1991, (S.39 ff., S.55 f.). Rosen vertritt die Auffassung, Pilatus habe Jesus aufgrund seines Verhaltens wegen des Delikts der Contumica (hier aufsässiges Schweigen) verurteilt. Diese Rechtsansicht erscheint nach dem mitgeteilten Prozessverlauf nicht vertretbar.

Otte Gerhard, (siehe Ziff. 47), (hier S.1024), widerlegt mit überzeugender Begründung die Rechtsansicht von Rosen.

49.) Porsch Felix: *Johannes Evangelium*, Verlag Katholisches Bibelwerk Stuttgart 1988, insbes. (S.18, S.21, S.193 ff.).

Zur Verdeutlichung sei bei diesem Zitat der Aussage Jesu über die Königswürde (Joh. 18,17 niedergeschrieben zwischen 90 und 100 n. Chr.), nochmals darauf hingewiesen, dass es sich nicht um ein historisches Wortprotokoll handelt. Vielmehr ist es die Intention des Evangelisten, eine Verkündigung mitzuteilen zu einem angstlosen Glauben an Jesus für alle, die "nicht gesehen" haben.

50.) Cohn (siehe Ziff. 23) zu dem Gerichtsverfahren vor Pilatus und seinen "juristischen Hilfspersonen".

51.) Bajsic Alois: *Pilatus, Jesus, Barabbas, in Biblica*, (Rom) 48, 1967, (S.7-28). Bajsic hebt die Prozesssituation hervor, nach der Pilatus zwei in den Augen eines Teils der Bevölkerung nicht unbedeutende politische Gefangene zur Aburteilung "zur Verfügung" standen.

52.) Waldstein Wolfgang: Untersuchungen zum römischen Begnadigungsrecht (Abolitio-Indulgentia-Venia in Commentationes Aenipontanae XVIII), Universitätsverlag Wagner Insbruck 1964, insbes. (S.41-44).

53.) Hirschfeld Otto: *Die ritterlichen Provinzstatthalter*, in: Sitzungs-berichte der Preussischen Akademie für Wissenschaften Berlin 1889, (S.439). Hirschfeld hält eine Ermächtigung zur Begnadi-gung für möglich. Die Existenz eines Amnestiebrauchs wird vor-nehmlich von nichtchristlichen Autoren bestritten. Siehe dazu Otte, (Ziff. 47), (S.1025), mit Hinweisen:

Er bemerkt zu bestreitenden Autoren (Anmerkung 110): "Be-zeichnend, dass Lapide und Fricke auf diese Belege für einen Amnestiebrauch nicht eingehen".

Otte kommt zu dem Ergebnis. "Der Bericht über das Angebot des Pilatus, Jesus wegen des Passahfestes freizulassen, sprengt ... also nicht den Rahmen des Vorstellbaren".

Hirschfeld, (S.31 ff. u. S.42), führt zu den Besatzungstruppen aus: In Judäa standen ein aus Caesariensern und Sebastenern ge-bildetes ALA (ALA I gemina Sebastenorum) und 5 Cohorten.

"Bei der geringen Zahl und schlechten Qualität der dem Procurator zur Verfügung stehenden Truppen konnte derselbe, trotz seiner mit unbeschränkter Kompetenz ausgestatten Stellung der Anlehnung an den syrischen Statthalter, (siehe Ziff. 17a), selbst am wenigsten entraten."

54.) Der angebliche Wunsch eines Gewalttäters, sich bei den Unter-drückten doch auch beliebt zu machen, ist nicht ungewöhnlich. Aus der neueren Vergangenheit ist ein ähnlicher Fall bekannt: Reinhard Heydrich, seit 1939 Leiter des Reichssicherheits-hauptamtes (RSHA), organisierte im Januar 1942 die Ermordung der in Deutschland lebenden Juden (Wannseekonferenz). Seit 1941 war er auch stellvertretender "Reichsprotektor" für Böhmen und Mähren. Dieser gefürchtete und verhasste Mann rühmte sich damit, dass er ohne Eskorte stets denselben Weg durch Prag fuhr und bemerkte dazu: "Warum sollten denn "meine Tschechen" auf mich schießen?" Dieser Besatzungsmachthaber wähnte und wünschte, dass die Unterdrückten ihn auch noch mögen sollten. Heydrich wurde durch ein Attentat 1942 getötet. Heyne Taschenbuch: *"Reinhard Heydrich"*, (S.275, S.331). Die Witwe Heydrichs äußerte sich zum Attentat: "Doch mehr noch bedrückte mich die Tatsache, dass "ausgerechnet Tschechen" Reinhard auf eine solche Weise aus dem Weg geräumt hatten. (Lina Heydrich: *Leben mit einem Kriegsverbrecher*, Verlag W. Ludwig, Pfaffenhofen 1976, (S.120).

55.) Bösen Willibald: *Der letzte Tag des Jesus von Nazaret*, Herder Freiburg Basel Wien 1994, ISBN 3-451-23214-6, (S.213), Anmerkung 82, (S.386) mit zahlreichen Hinweisen.

Zur Geißelung bemerkt Bösen, (S.32): "Der zu Geißelnde wird entkleidet, auf den Boden geworfen oder mit den nach oben ausgestreckten Händen an eine niedrige Säule oder an einen Pfahl gebunden, so dass die Henker ungehindert zuschlagen können. Als Folterwerkzeuge dienen Lederpeitschen (lat.: horribile flagellum oder flagrum), deren Riemen mit spitzen Knochen, Bleikugeln oder sonstigen Metallstückchen durchsetzt sind. Im Unterschied zur jüdischen Praxis (Höchstmass 40 Schläge weniger einen) ist die Zahl der Schläge (bei den Römern) nicht vorgeschrieben. Sie liegt im Belieben der Henker ... die Geißelung verursacht furchtbare Wunden, nicht selten stirbt das Opfer noch während der Tortur."

56.) Von den zahlreichen Dichtern und Schriftstellern, die das Thema behandelt haben, sind - ohne eine Wertung oder Zuordnung nach bestimmten Kriterien - als Beispiele aufgeführt:

Bulgakow Michael: *Der Meister und Margarita*, Deutscher Taschenbuchverlag München 1997, ISBN 3-423-12259-5.

Dürrenmatt Friedrich: *Pilatus* in: Die Stadt, frühe Prosa, Zürich 1952, (S.161-181).

Le Fort Gertrud: *Die Frau des Pilatus*, Insel Verlag Zweigstelle Wiesbaden 1955.

Frisch Max: Die Chinesische Mauer in: Gesammelte Werke in zeitlicher Folge Bd. II, Suhrkamp Verlag 1976, (S.140-227).

Ferner wird noch auf die Rockoper ”*Jesus Christ Superstar*” verwiesen. Text von Andrew Lloyd-Webber, verfilmt 1972 in den USA. Englischer Text in:

Kuschel Karl-Josef: *Jesus in der Deutschen Gegenwartsliteratur*, Piper Verlag München Zürich 1987, ISBN 3-492-10627-7, S.333.

Auszug aus: *Des Pilatus Traum*, übersetzt von Florian Kepper:

Ich träumte, ich traf einen Galiläer,

einen sehr erstaunlichen Mann...

Ich forderte ihn auf zu sagen, was

passiert war, wie alles begann...

Ich fragte ihn wieder. Er sagte

kein einziges Wort,

als ob er nicht gehört hätte.

Als nächstes war der Raum voll von wilden
und zornigen Männern.

Sie sahen so aus, als hassten sie diesen
Mann, sie schlugen ihn nieder und
verschwanden dann wieder.

Dann sah ich 1000 Millionen, die
um diesen Mann weinten und dann
hörte ich sie, wie sie meinen Namen
erwähnten und sie überließen mir
die Schuld.

57.) Mehrere Autoren berichten über die Versuche, durch Anzeigen
den Prozess neu aufzurollen. U.a.:
Blinzler (siehe Ziff. 35), (S.16 f.).
Cohn (siehe Ziff. 50), (S.7).
Pesch Rudolf: *Der Prozess geht weiter*, Herder Bücherei Freiburg
Nr. 1597, 1987, ISBN 3-451-98507-0, (S.9).

58.) Speidel Kurt A.: *Das Urteil des Pilatus*, Verlag Kath. Bil-
dungswerk Stuttgart, 3. Auflg. 1988, ISBN 3-460-31281-5, (S.9).

59.) Sporschil, Georg: *Fluch und Segen*, in: Salzburger Hochschul-
wochen 1995, Verlag Styra Graz-Wien-Köln 1995, (S.17).
Die hier verwendeten Zitate sind der Arbeit v. Sporschil entnommen.

60.) France Anatol: *Der Statthalter von Judäa*, in: Blaubarts Sieben
Frauen, Insel Taschenbuch 510, Leipzig, 1981, (S.42 ff., S.55 f.).

61.) Hemingway Ernest: *Heute ist Freitag*, in: *Die Ersten und die
Letzten*, Bd. 6, Stories 1 Rowohlt Taschenbuch Verlag Reinbeck
bei Hamburg 1977 - hier benutzt 1989, (S.302 ff.).

62.) Aitmatow, (Ziff. 7), (S.227-230, S.234 f.).

Am Schluss dieses Abschnitts lässt Aitmatow den gefesselten Jesus zu Pilatus sprechen: "Und dennoch wirst du, Pontius Pilatus in die Geschichte eingehen."

63.) Lauter Hermann Josef: *Theologische Anmerkungen zum Werk Eugen Drewermanns*, in: Kölner Beiträge Neue Folge, Heft 13, Presseamt des Erzbistums Köln 1988.

64.) Lütz - Lütz Manfred: *Der blockierte Riese, Psychoanalyse der katholischen Kirche*, Pattloch Augsburg 1999 - (S.36 f.) Anmerkung (S.190 f., Nrn. 29, 30, 35; S.201 Anmerkung 277).

65.) Drewermann Eugen: *Das Markusevangelium*, Zweiter Teil, Walter Verlag Olten 1988 - hier benutzt 3. Auflage. 1990, (u.a. S.271, S. 571 f. u. S.577 f.).

Lauter führt in seiner kritischen Stellungnahme (S.24) aus, eine neue Interpretation zur Erbsünde werde nicht abgelehnt. Er ist jedoch der Ansicht, die Interpretation von Drewermann, wonach die Ursünde (auch nach Kirkegaard) eine Folge der Urangst sei, halte einer kritischen Nachprüfung nicht stand (S.24d). Lütz gesteht Drewermann trotz der an ihm geübten Kritik (s. bes. S.37) "manche fruchtbaren Gedanken zu".

(Zu der Sicht von Klaus Berger zu Drewermann siehe unten Ziff. 66).

Auf die Erkenntnisse von Drewermann ist meines Erachtens nicht zu verzichten. - Sie sind hilfreich, um ein wenig hinter die Wünsche, Antriebe, Motivationen und Emotionen des Pilatus zu schauen.

66.) Berger Klaus: *Wie kann Gott Leid und Katastrophen zulassen?*, Gütersloher Taschenbücher (GTB 1449) Quell Gütersloher Verlagshaus 1999, ISBN 3-579-01149-8.

Berger, Professor für Neutestamentliche Theologie a. d. Ev. Theol. Fakultät der Univ. Heidelberg, vermittelt eine (von Lütz abweichende) Sicht zu Eugen Drewerman. In dem Abschnitt, Leiden als Versuchung der Kinder Gottes, (S.70 ff.), erwähnt er als Beispiel (S.90): "Ein Drewermann, der für die Kirche Millionen Herzen hätte gewinnen können, hätte man ihn nicht vertrieben, so dass alles wie auf Sand gesetzt ist. Und die Hunderttausende Ausgetretener bekommen für Generationen Gottes Wort nie mehr zu hören".

Berger behandelt in einem Aufsatz zur Dämonologie ("Schillernde Abgründe") die Vaterunserbitten. Er schreibt, dass jedes Vaterunser mit der exorzistischen Bitte endet, erlöse uns von dem Bösen. "Das meint philologisch ziemlich eindeutig den Bösen und nicht das Übel." Er ergänzt das noch mit dem Bemerken, hinter jedem Martyrium stecke der Teufel. (Rhein. Merkur Christ und Welt (Schillernde Abgründe) v. 11. Juli 2002, S.23).

67.) Rahner Karl: *Von der Not und dem Segen des Gebetes*, Herder Freiburg 1991, 2. Auflage, ISBN 3-451-22421-6, (S.99).

68.) Guardini Romano: *Theologische Briefe an einen Freund*, zitiert nach:

69.) Szydzik Stanis-Edmund: *Unaufhörliche Fragen: warum das Leid?*, in: *heilen*, Verlag Siering Bonn Nr. 1-2, 1999, (S.5 f.).

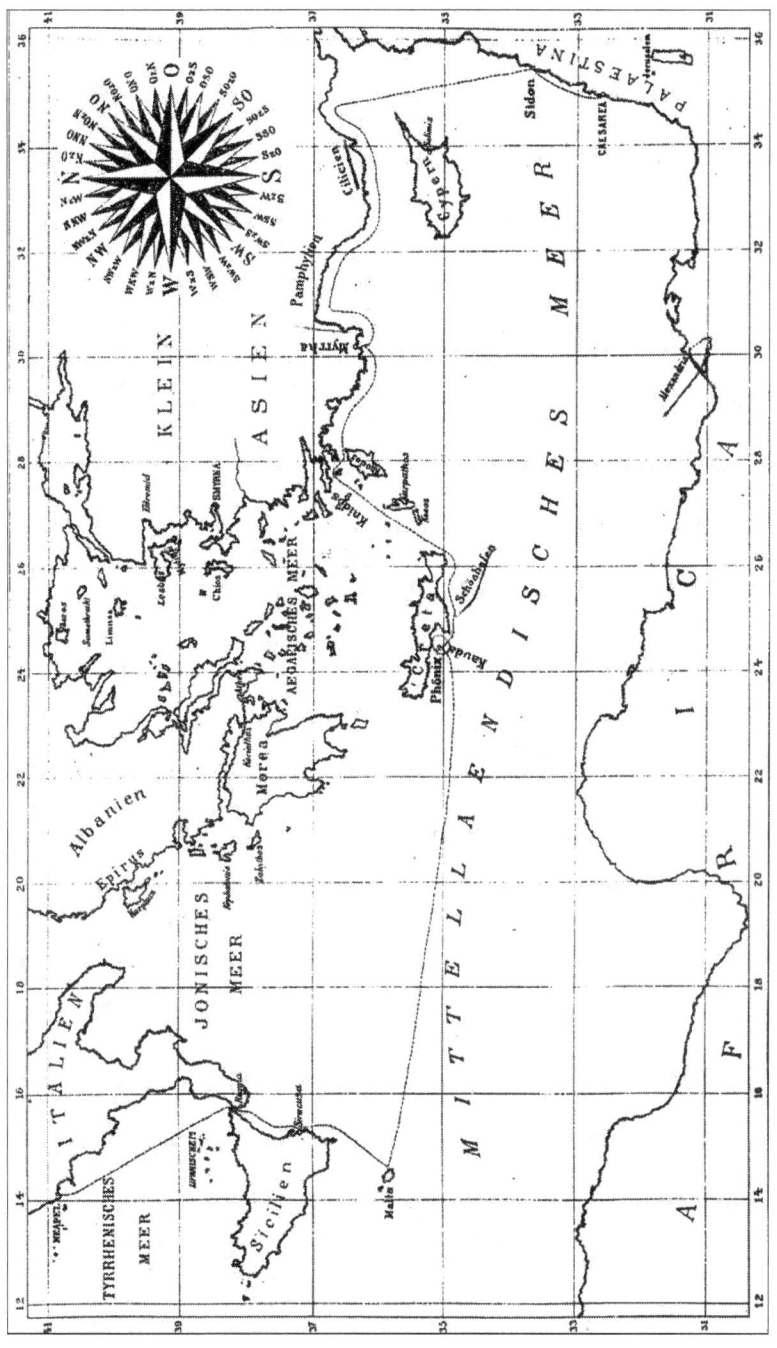

95

Zu allen Zeiten waren Rechtsfindung, Rechtsprechung und Strafverfolgung von vielschichtigen Motiven und vielfältigen Umständen geprägt. Deutlich wird das in besonderer Weise am Beispiel des Pilatus. Das zu zeigen und an letzte Fragestellungen und Dimensionen heranzuführen, ist Anliegen dieses Buches.